证券投资分析
产业经济分析

Industry Analysis on Security Investment

张显明◎编著

中国经济出版社
CHINA ECONOMIC PUBLISHING HOUSE

图书在版编目（CIP）数据

证券投资分析．产业经济分析 / 张显明编著．
北京：中国经济出版社，2025. 6. -- ISBN 978-7-5136-8224-4

Ⅰ. F830. 91

中国国家版本馆 CIP 数据核字第 2025FR1476 号

责任编辑　贺　静　张利影
责任印制　李　伟
封面设计　财学堂·视觉设计部

出版发行　中国经济出版社
印 刷 者　四川省平轩印务有限公司
经 销 者　各地新华书店
开　　本　787mm×1092mm　1/16
印　　张　15
字　　数　233 千字
版　　次　2025 年 6 月第 1 版
印　　次　2025 年 6 月第 1 次
定　　价　99.00 元
广告经营许可证　京西工商广字第 8179 号

中国经济出版社 **网址** http://epc. sinopec. com/epc/ **社址** 北京市东城区安定门外大街 58 号 **邮编** 100011

前言

中国资本市场在30多年的发展中取得了显著成就。从交易所的成立到监管体系的完善，从法律法规的实施到市场创新与产品的丰富，再到对外开放与合作的不断深化，中国资本市场已经发展成为一个功能完善、规模庞大的金融市场体系。在过去数十年中，投资承载了许多人的梦想，也让一些投资者获得了可观的财富。然而，市场行情也颠簸不定，给一些投资者造成了严重损失。

在这个日新月异、波澜壮阔的时代，市场中的变化与机遇如潮水般汹涌而至。我们满怀激情和使命，深信财经教育对于每个人来说都是一项非常宝贵的投资。财学堂作为一家深耕财经领域并致力于推动财经教育蓬勃发展的企业，成立近10年来，始终致力于为个人提供财经职业规划，并帮助股民进行财经知识系统化学习，以及协助投资者享受中国资本市场红利。

随着数字化和金融科技的不断进步，金融行业正经历着前所未有的变革。同时，在全球化的背景下，金融市场呈现出多元化和日益高度融合趋势，国际金融活动不断增加，这使得金融行业从业者需要具备更广泛的国际视野和更强的跨文化沟通能力。因此，培养金融人才与推动金融创新、提升人们的金融素养，在当前全球经济环境中显得尤为重要。如今，财学堂推出这一系列财经书籍，旨在满足不同投资者的学习需求，让财经实际投资技术更加通俗易懂，让财经教育系统更加丰富、更加贴近生活。该系列丛书涵盖了技术形态的精妙解析，也深入探讨了微观、中观、宏观经济的广阔天地和趋势政策分析。同时，我们汇聚了学术派的严谨与市场派的活力，全面覆盖了财经教育领域的各个方面。我们深知，财经教育有助于提升公众的金融素养和风险意识，可以帮助投资者更好地理解金融市场的运作规律和风险特征；通过接受财经教育，投资者可以更加明智地进行金融决策，避免陷入金融陷阱和投资风险。同时，可以减少金融市场的信息不对称和投机行为，降低金融风险和金融危机发生的可能性。

通过系统的财经教育，我们可以培养出具备专业知识和实践能力的金融人才，为金融行业的发展提供有力支持；同时，财经教育学习还可以帮助人们更好地进行个人财务管理和企业财务管理，提高经济效益和社会效益。

因此，财经知识不仅仅是冰冷的数字和复杂的模型，它更是一种智慧，是能够指引我们在市场浪潮中稳健前行的"灯塔"。因为投资者的每一次投资决策都是一场实打实的真金白银的较量，我们希望通过这些内容，将对市场走势的理性解读和对行业发展趋势的深刻分析，传递给每一个热爱投资学习、渴望成长的人，让投资者能够更好地理解市场、把握机遇，实现投资的稳定增长。

当然，想要在投资中生存并获得收益，就必须掌握抗风险的本领，要有全局意识思维，同时要善于总结经验教训，善于学习并掌握一套投资方法。财经知识应该能够被更多的人接触和掌握，而不应该被局限于少数精通金融术语的专业人士，我们的目标是"传承投资智慧，传播财商教育"，真正实现普惠金融。

"一万小时定律"指出，1 万个小时的锤炼是任何人从平凡变成世界级大师的必要条件。顶尖的运动员、音乐家、棋手，往往需要花费一万小时，才能让一项技艺至臻完美。同样地，只有经过大量的交易和不断的优化，才有成为专业人士的可能，才可以完成从普通投资者到操盘高手的蜕变。

时间的投入固然重要，但更重要的是持续地学习、实践，并不断反思和调整投资策略，还需要结合市场实际情况，总结每一次的交易经验和教训，从而不断提升自己的投资能力。我们相信，读者通过学习财学堂投资系列丛书，可以在短时间内掌握投资的核心知识和技能，可以找到学习投资的捷径，得到点拨和指引。财学堂希望每一位读者都能从中受益，不仅能够提升投资技能和认知水平，在市场中获得实实在在的收益，还能建构个人投资者职业财经知识体系，为金融行业提供专业人才。

面对数字化、全球化、监管加强等挑战和机遇，金融行业需要不断提高自身的竞争力和创新力。而财经教育作为提升公众金融素养、培养金融人才、推动金融创新的重要手段之一，应该得到更多的重视和支持。未来，财学堂将响应国家政策，致力于培养更具国际化金融视野的高层次财经职业人才，推动中国金融市场的建设与发展。我们希望通过不断的学习和积累，为财经领域注入新鲜血液，使之焕发新的活力和创造力，为金融行业的持续发展和社会的经济繁荣做出更大的贡献。

不忘初心，砥砺前行。财学堂始终秉承“人人都做合格投资人”的办学宗旨。我们相信，在未来的日子里，这些书籍将伴随更多的读者走过市场的风风雨雨，见证投资者的成长与成功。

目录

第一章

产业经济分析概要

第 1 课　产业经济分析的重要性

一、产业经济的解释

（一）产业

1. 产业的定义

按照国际通行惯例，产业是指国民经济的各行各业，大至部门，小至行业，从生产到流通、服务以至文化、教育等。总之，产业概括了国民经济各行各业的活动。

2. 产业的分类

产业通常有以下四种分类。

（1）以同一商品市场为单位划分的产业，把所有生产同类商品或提供同种服务的企业称为“某产业”。

（2）根据技术和工艺的相似性划分的产业，如水电产业、火电产业。

（3）根据使用生产要素的特征划分的产业，如技术密集型产业、资本密集型产业、劳动密集型产业。

（4）根据经济活动的阶段，将国民经济分为若干大部门所形成的产业。

3. 行业

行业是一个企业群体，其成员由于其产品在很大程度上的可相互替代性而处于一种紧密联系的状态，并且由于产品可替代性的差异而与其他企业群体相区别。

行业与产业是有区别的。产业主要指经济社会的物质生产部门，是介于宏观经济与微观经济之间的中观经济，包括农业、工业、交通运输业等部门，一般不包括商业。产业和商业虽有区别，但有时可以互用。

（二）产业经济

1. 产业经济的概念

产业经济是介于宏观经济和微观经济之间的集合概念，被人称为“中观经济”。它既是具有某种同类属性的企业经济活动的集合，又是国民经济以某一标准划分的部门。

2. 产业经济领域

产业经济涉及以下几个方面的问题。

（1）产业结构，即国民经济中各产业间的结构关系，也就是资源在各产业部门间的配置及变化问题。

（2）产业联系，是指国民经济中各产业间的关联关系，具体表现为产业间的联系、连锁反应、传递和影响效应。

（3）产业组织，是指国民经济中同一产业内部企业间的结构关系，即处于同一商品市场中的产业发展问题。

（4）产业政策，是政府对未来产业结构变动方向的干预，是政府为了弥补市场缺陷而采取补救措施的政策。比如，2008 年以后，为了应对国际金融危机，让经济尽快走出衰退，各国政府纷纷出台政策措施，援助衰退产业，扶植制造业复兴和回归，支持技术创新活动，制订出口振兴计划，扶植战略性新兴产业等，充分发挥政府在产业结构调整中的作用。

二、产业差异的理论分析

（一）市场类型的差异

按竞争程度进行的市场分类见图 1-1。

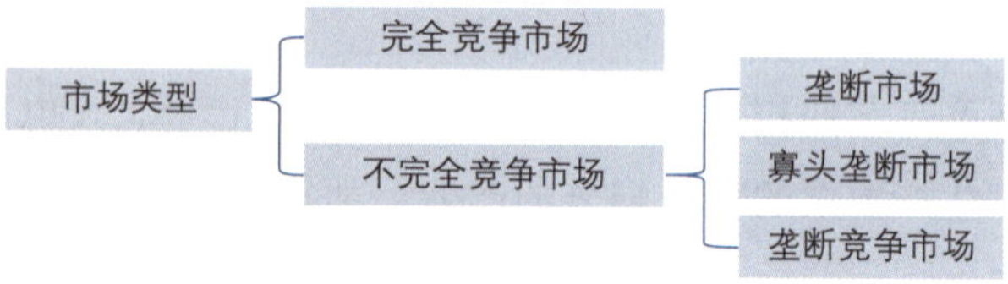

图 1-1　按竞争程度进行的市场分类

1. 完全竞争市场

完全竞争市场，是指供求双方数量众多，商品价格完全由市场供求关系决定，所有企业都是价格的接受者而非决定者的市场。符合这种特征的市场实属少见。

2. 不完全竞争市场

不完全竞争市场是现实中存在的主要市场形态，包括垄断市场、寡头垄断市场和垄断竞争市场三种类型。

（1）垄断市场，又叫“完全垄断”，是指某种商品市场中只有一家生产企业的状况，商品价格完全由垄断企业决定，即所谓垄断价格和垄断利润，如电力、煤气、交通、邮政等具有公益性质的企业。垄断市场的存在，导致市场效率和社会福利降低，所以就产生了反垄断法。

中国反垄断第一大案——高通反垄断案。2013 年 11 月 26 日，高通公司（美国移动芯片巨头）发布官方消息称，已接到国家发展改革委决定对其在中国的经营进行反垄断调查的通知。该调查前后持续了一年多，以高通公司认罚 60.88 亿元而尘埃落定。2020 年 12 月，市场监管总局对阿里巴巴集团的反垄断调查，处以 182.28 亿元罚款。

（2）寡头垄断市场。如果某种商品市场中有两家以上的有限几家生产企业，则属于寡头垄断市场。比如，汽车、啤酒、家电等由大企业支配的市场。在寡头垄断市场上，会出现一家企业为扩大市场份额而单独降价的情况，其他企业可能的反应：一是采用降价方式与之相对抗，即价格竞争，都受损；二是采用广告宣传方式扩大市场份额，即非价格竞争；三是寡头垄断企业相互结盟，可能会出现产量下降而价格上升的情况，即企业串谋，但很多国家的法律限制这种串谋。比较现实的做法是，各企业之间达成默契，其中一家企业提价，其他企业随之提价，这种做法叫作“价格领先的协调行动”。

（3）垄断竞争市场。垄断竞争是经济中常见的一种现象。比如，地方风味小吃店、鞋帽店和零售店等以中小企业为主参与的市场散布在同一地区的情况非常普遍。这些中小企业相互竞争，它们的产品或因服务和原材料不同，或因工艺不同，它们以各自独特的方式吸引并维持着一定的顾客。垄断竞争市场特征：在同类商品市场上，有许多家生产企业和众多消费者；各个企业的产品和服务不完全同质，消费者具有明确的偏好；商品的供给者可以自由地进出市场，即新企业的加入和原有企业的退出都是自由的，既有垄断因素，又存在激烈竞争。垄断竞争市场的企业行为：一是广告行为，突出产品的核心价值；二是产品行为，实施产品差异化战略，垄断竞争市场最大的特点就是企业之间的产品的差异性；三是研发行为，确保企业的可持续发展。

（二）产品差异化

产品差异化是一个内涵非常丰富的概念，宽泛地讲，只要消费者认为两种产品之间存在差别，彼此之间不能完全替代，这两种产品就是异质的，或者是存在差异的。产品差异化体现在以下两个方面。

（1）产品本身的客观属性差异，包括具体的产品特征差异，如颜色、形状、材质、位置、售后服务，以及产品的价格及需求弹性等。

（2）消费者的主观认知差异，主要源于消费者在产品信息、品位、消费习惯、心理因素等方面的差别。

现代科技的飞速发展，不断创造和衍生出新的产品，从而为产品差异化的深化提供了现实的技术基础。在现实经济生活中，广告成为企业实现产品差异化的重要手段，广告营销能够从信息传输和影响人的心理活动等方面形成产品差异化。

（三）产业政策调控形成的差异化

国家政策尤其是产业政策，基于宏观经济发展的需要，对不同产业实施不同的支持和限制等政策，人为干预从而形成产业发展的差异化。

三、不同产业公司股票的市场表现（以同花顺软件为例）

（一）资料来源

采用同花顺软件，在板块中找到行业指数，可以得到不同行业的指数资料，如图 1–2 所示。

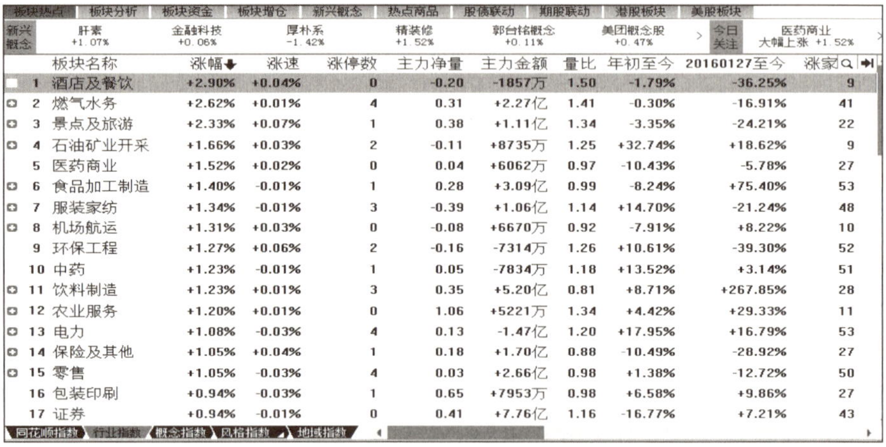

板块热点 板块分析 板块资金 板块增仓 新兴概念 热点商品 股债联动 期股联动 港股板块 美股板块

新兴概念 肝素 +1.07% 金融科技 +0.06% 厚朴系 -1.42% 精装修 +1.52% 郭台铭概念 +0.11% 美团概念股 +0.47% 今日关注 医药商业 大幅上涨 +1.52%

	板块名称	涨幅	涨速	涨停数	主力净量	主力金额	量比	年初至今	20160127至今	涨家
1	酒店及餐饮	+2.90%	+0.04%	0	-0.20	-1857万	1.50	-1.79%	-36.25%	9
2	燃气水务	+2.62%	+0.01%	4	0.31	+2.27亿	1.41	-0.30%	-16.91%	41
3	景点及旅游	+2.33%	+0.07%	1	0.38	+1.11亿	1.34	-3.35%	-24.21%	22
4	石油矿业开采	+1.66%	+0.03%	2	-0.11	+8735万	1.25	+32.74%	+18.62%	9
5	医药商业	+1.52%	+0.02%	0	0.04	+6062万	0.97	-10.43%	-5.78%	27
6	食品加工制造	+1.40%	-0.01%	1	0.28	+3.09亿	0.99	-8.24%	+75.40%	53
7	服装家纺	+1.34%	-0.01%	3	-0.39	+1.06亿	1.14	+14.70%	-21.24%	48
8	机场航运	+1.31%	+0.03%	0	-0.08	+6670万	0.92	-7.91%	+8.22%	10
9	环保工程	+1.27%	+0.06%	2	-0.16	-7314万	1.26	+10.61%	-39.30%	52
10	中药	+1.23%	-0.01%	1	0.05	-7834万	1.18	+13.52%	+3.14%	51
11	饮料制造	+1.23%	+0.01%	3	0.35	+5.20亿	0.81	+8.71%	+267.85%	28
12	农业服务	+1.20%	+0.01%	0	1.06	+5221万	1.34	+4.42%	+29.33%	11
13	电力	+1.08%	-0.03%	4	0.13	-1.47亿	1.20	+17.95%	+16.79%	53
14	保险及其他	+1.05%	+0.04%	1	0.18	+1.70亿	0.88	-10.49%	-28.92%	27
15	零售	+1.05%	-0.03%	4	0.03	+2.66亿	0.98	+1.38%	-12.72%	50
16	包装印刷	+0.94%	-0.03%	1	0.65	+7953万	0.98	+6.58%	+9.86%	27
17	证券	+0.94%	-0.01%	0	0.41	+7.76亿	1.16	-16.77%	+7.21%	43

同花顺指数 行业指数 概念指数 风格指数 地域指数

图 1–2　同花顺软件板块分析信息

（二）行业指数

1. 上证指数

上证指数走势见图 1–3。

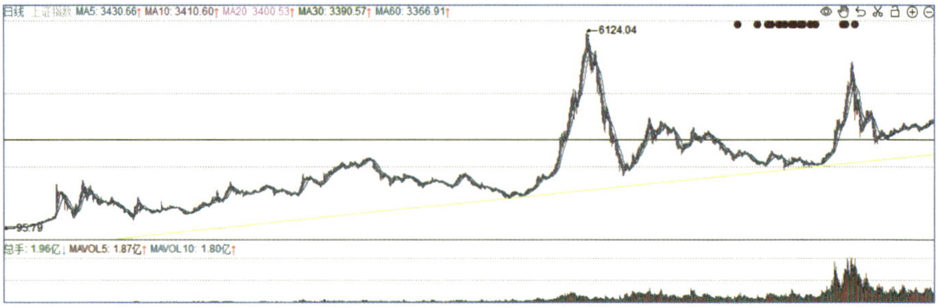

图 1–3　上证指数走势

2. 饮料制造

2007 年 8 月至 2023 年 10 月饮料制造行业指数日 K 走势见图 1-4。

图 1-4　2007 年 8 月至 2023 年 10 月饮料制造行业指数日 K 走势

3. 钢铁

2007 年 8 月至 2023 年 11 月钢铁板块指数日 K 走势见图 1-5。

图 1-5　2007 年 8 月至 2023 年 11 月钢铁板块指数日 K 走势

4. 房地产开发

2007 年 8 月至 2023 年 11 月房地产开发板块指数日 K 走势见图 1-6。

图 1-6　2007 年 8 月至 2023 年 11 月房地产开发板块指数日 K 走势

（三）行业指数的重要性

行业或产业的市场类型、产品特性及其政策等因素，使不同行业或产业公司股票的市场表现差异很大，这些差异对于股票投资决策意义重大。准确地说，选股决策首先是选择行业或者产业，其次是在该行业或产业中选择适合自身投资特征的股票。因此，产业分析是股票投资决策中重要的依据。

第2课 产业结构的不同分类

一、产业结构的内涵及其影响因素

（一）产业结构

产业结构，是指产业的内部构成和各产业之间的联系与比例关系。研究产业结构问题大致使用以下三类指标。

第1类指标：各产业的就业人数及产业就业人数占总就业人数的比例变化。

第2类指标：各产业的资本额及所占的比例变化。

第3类指标：各产业创造的国民收入及所占的比例变化。

第1、第2类指标反映各种资源（劳动力和资本）在各产业之间的分配比例关系；第3类指标反映经济活动的结果，即各产业经济效益指标。

（二）影响因素

影响产业结构及其变化的因素很多、很复杂，下面列举几个主要因素。

（1）供给方面的因素。供给方面的因素包括农业增长的潜力和约束因素、工业增长的潜力和约束因素、第三产业增长的潜力和约束因素。

（2）需求方面的因素。通常，生产结构决定需求结构，但需求结构又会引起生产结构的变化。需求主要指消费需求，而消费需求包括生活消费和生产消费，最终消费为生活消费。这将受到消费需求层次的影响。随着收入水平的提高，需求重点会向耐用消费品等高层次需求转移，这种变化可用需求弹性表示：

某产业需求弹性＝该产业需求增长率/人均国内生产总值增长率　　（1-1）

该需求弹性系数的大小，从需求方面反映了各产业部门在产业结构中所占的比重。一般来说，需求弹性系数高的产业应大力发展；相反，需求弹性系数低的产业就应适当缩减。

（3）经济开发程度。经济开发使得国内市场和国际市场的供需相互替代和影响，从而导致国内产业结构的变化。

(4) 技术革命的影响。技术革命将不断产生新的产品，产品替代效应使得原有产品不断退出，从而导致产业结构的变化。

二、产业分类

(一) 三次产业分类

三次产业分类，就是把全部经济活动划分为第一产业、第二产业和第三产业。这种分类方法由英国经济学家费希尔于 1935 年在《安全与进步的冲突》一书中首次提出。1957 年，英国经济学家科林·克拉克在《经济进步的条件》一书中将产业部门划分为农牧渔林业、制造业和服务业三大产业，其后这一概念被广泛使用，因此，这一分类方法用克拉克的名字命名，叫“克拉克大分类法”。其分类标准有：产业距离消费者的远近程度，远的为第一产业，近的为第三产业；产品是否有形，有形的为第一、第二产业，无形的为第三产业；生产与消费是否可分离，可分离的为第一、第二产业，不可分离的为第三产业。

我国的三次产业分类如下。

第一产业：农业，即产品直接取自自然界的部门，包括种植业、林业、牧业和渔业等。

第二产业：工业和建筑业，即对初级产品进行再加工的部门。工业包括制造业、采掘业、自来水、电力、蒸汽、热水、煤气等。

第三产业：除第一、第二产业之外的其他行业。第三产业可分为流通部门和服务部门两类，具体可分为四个层次：第一层次为流通部门；第二层次为生产和生活服务的部门，包括金融、保险等；第三层次为提高科技文化和居民素质服务的部门，如教育、卫生等；第四层次为生活公共需要服务的部门，如国家机关、社会团体等。

(二) 标准产业分类

参见我国《国民经济行业分类与代码》。

(三) 工业产业分类

工业通常被划分为重工业、化学工业和轻工业三类。生产生产资料的部门为重工业，生产消费资料的部门为轻工业，生产过程中化学方法占主要地位的工业为化学工业。

(四) 我国资本市场的行业分类

以同花顺软件为例，点击行业即可找到行业分类，分为宏观行业和细分行业。点击进入各行业中即可找到该行业的股票。

1. 宏观行业

资本市场宏观行业分类见图 1-7。

图 1-7　资本市场宏观行业分类

2. 细分行业

资本市场细分行业分类见图 1-8。

图 1-8　资本市场细分行业分类

课堂总结

1. 了解产业结构变动的影响因素。
2. 了解产业的分类方法及其分类情况。

第 3 课 产业结构的变动趋势

一、产业结构变动的一般规律

（一）三次产业结构变动规律

17 世纪，英国经济学家威廉·配第在《政治算术》一书中描述了这样一种现象：制造业比农业，进而商业比制造业能够得到更多收入。这种不同产业间收入的相对差异，促进了劳动力向能够获得更高收入的部门转移。但那时没能从理论上论证按人口平均产值的高增长率与产业结构的高变换率之间的关系。

英国经济学家克拉克在《经济进步的条件》一书中，整理了 20 多个国家总产出和各部门劳动投入的时间数据，通过统计分析揭示了经济进步过程中产业部门结构变化的一般规律：随着人均国民收入水平的提高，劳动力首先由第一产业向第二产业转移；当人均国民收入水平进一步提高时，劳动力便向第三产业转移。

克拉克解释这一现象是由两个因素造成的：一是需求因素，二是效率因素。

①需求因素。随着人均收入的增加，人们对农产品的相对需求一直在下降，对制造品的相对需求先上升后下降，之后让位于服务业。服务业所提供的产出，受益对象不仅包括一般的消费者，而且包括企业。若把企业需要的服务业包括进去，服务业就会有很高的边际需求，其相对需求上升就是必然的。

②效率因素。农业虽然没有像制造业那样呈现劳动生产率的迅速上升（也显示了持续上升的势头），但这种上升的生产率与持续下降的相对需求结合起来，必将导致农业劳动力比例持续下降；制造业的人均实际产品需求总是比其他部门以更大比例增长，而制造业一个静止的相对需求或者是需求增长，也会导致该部门的劳动力比例下降；至于服务业，由于对服务业的社会需求比其生产效率增长得快，服务业中劳动力比例的增长更快。

克拉克认为，他的发现不过是对配第观点的印证。所以，后来的人把他们描述的现象称为“配第—克拉克定理”。该定理只是对产业结构演变基本趋势的粗略揭示，不能从深层次上揭示产业结构演变的总趋势。

美国经济学家、“GNP 之父”西蒙·库兹涅茨，在克拉克的研究基础上进一步搜集和整理了 20 多个国家的庞大数据，从国民收入和劳动力在产业间的分布入手，对伴随经济增长中的产业结构变化做了深入研究，得出以下结论。

（1）随着时代的变迁，农业部门实现的国民收入在整个国民收入中的比重，以及农业劳动力在全部劳动力中的比重，均呈不断下降趋势。

（2）工业部门国民收入的相对比重，大体上是上升的；然而，工业部门中劳动力的相对比重是大体不变或略有上升的。

（3）服务部门的劳动力相对比重，都呈现上升趋势；但国民收入的相对比重，大体不变或略有上升。

（二）工业结构变动的一般规律

工业在产业结构高度化的过程中扮演着主要角色，近现代的经济发展过程同工业的发展紧密联系在一起，经济发展过程也被称为“‘工业化’过程”，因为工业结构的高度化是整个产业结构高度化的核心特征。

1. 工业化及其阶段

西蒙·库兹涅茨及霍利斯·钱纳里（美国哈佛大学教授、世界银行前副行长）的研究进一步揭示了：

（1）经济发展中制造业逐渐成为主导部门；

（2）工业化程度，一般由国内生产总值中制造业份额的增加来度量；

（3）钱纳里根据多国经济发展的典型化事实概括，将工业化分为三个阶段——初期、中期和成熟期，并以人均收入为判断依据。

2. 工业结构水平的高度化

（1）以轻工业为中心的发展向以重工业为中心的发展推进，即所谓重工业化。以霍夫曼比例（重工业化程度系数）来表示：

霍夫曼比例=消费资料工业净产值/生产资料工业净产值　　（1-2）

（2）在重工业化的过程中，工业结构又表现为以原材料工业为中心的发展向以加工、组装工业为中心的发展推进，这就是所谓“高度加工化”。也就是说，工业化的进程大体可以分为两个阶段：一是以原材料工业为重心的发展阶段，二是以加工组装工业为重心的发展阶段。以高加工化程度系数表示：

高加工化程度系数=加工工业总产值/基础工业总产值　　（1-3）

二、产业结构变动的动因

（一）产业结构演变：需求与供给解释

1. 农业国民收入及劳动力的相对比重减少

（1）农产品是解决人们吃穿问题的消费资料，其需求收入弹性随着人均收入水平的提高而逐渐降低。

（2）农业的技术进步速度低于其他部门，特别是工业部门。

（3）农业机械化、社会化的趋势，使农业自身的劳动生产率有所提高，这也是农业劳动力相对比重减少的一个重要原因。

2. 工业国民收入相对比重上升及劳动力相对比重趋于稳定

（1）社会消费结构转型的影响。

（2）国民收入支出结构的变化，特别是工业投资的增长，不断扩大工业产品市场，支撑了工业的高需求收入弹性。

（3）工业部门劳动力相对比重上升不大，基本保持不变的状态，是工业化程度达到一定水平后的现象。

3. 服务业劳动力相对比重上升

（二）产业结构演变：制度经济学解释

制度经济学认为，需求收入弹性是市场规模扩大的结果，而产业间的生产率差异则应归结为劳动分工程度的变化。

产业结构变迁的根本原因，是劳动分工制度安排的变化，具体包括个人职业专业化、机器生产标准化、交易费用等因素。各产业部门劳动力就业份额的变化，是个人职业专业化和社会分工程度深化的结果。比如，现代社会家务劳动社会化，即由家庭自我服务转向社会化的商业服务。机械化生产和标准化，是产业结构演变的基本力量。工业生产的机械化和标准化，造就了大量的辅助性服务岗位，诱导了服务业的增长。

（三）产业结构演变的新态势：知识经济

知识经济，是与农业经济、工业经济相对应的新概念，是以知识为基础的经济，区别于传统的以资源为基础的产业形态。知识经济推动了产业结构的新变化。其显著特征表现为知识经济是信息化经济、网络化经济、智能化经济、创新经济等。

课堂总结

1. 了解产业结构变动的一般规律。
2. 了解产业结构变动原因的理论解释。

第 4 课 技术进步对产业结构的影响

一、产业结构变化的一般均衡分析

产业的发展源于其产品市场供求的变化，也就是产品的市场供求状况决定了厂商乃至整个产业的发展。如前所述，任何一种物品交易都有一个市场，根据市场竞争程度，将其划分为完全竞争市场和垄断竞争市场两种类型；而行业指为同一个（类）商品市场生产和提供商品的所有厂商的总体。市场和行业的类型是一致的，如完全竞争市场对应的是完全竞争行业，垄断竞争市场对应的是垄断竞争行业。在微观经济学中，市场或者行业供求状况变化的分析，包括短期均衡分析和长期均衡分析。下面以完全竞争市场为例，运用微观经济学均衡理论分析市场或者行业的发展变化。

（一）完全竞争市场的特征

（1）市场上的供求双方众多，并且都只是价格的接受者。

（2）市场上每个厂商提供的商品都是完全同质的。

（3）所有资源完全流动，意味着厂商可以自由地进入和退出。

（4）信息是完全的，即市场中买方和卖方都掌握着与自己经济决策有关的商品和市场的全部信息，包括市场价格信息。

（二）完全竞争市场均衡分析

按照一般均衡原理，供求决定价格。完全竞争市场上，行业需求曲线 D（demand）与供给曲线 S（supply）相交于 E（equation）点，形成市场均衡，由此决定了均衡价格 Pe 和均衡数量 Qe。

短期均衡：在短期内，由于商品的供求状况不同，形成不同的均衡状况。表现在，有的行业商品供不应求，价格上升；有的行业商品供过于求，价格下降。所以，在短期内，市场会出现不同行业的不同市场状况。

对厂商而言，在完全竞争市场条件下，所有厂商都是既定市场价格的接受者，所以需求曲线是一条由既定市场价格水平发出的水平线。这意味着厂商只能被动地接受给定的市场价格。但这并不意味着完全竞争市场的价格是固定不变的，在其他一些因素的影响下，如消费者收入的普遍提高、经济中先进技术的推广，或者政府有关政策的作用等，使得众多消费者的需求量和众多生产者的供给量发生变化时，供给曲线的位置就有可能发生移动，从而形成市场新的均衡价格。在这种情况下，就会得到一条新的均衡价格水平下的水平线。短期均衡情况下的需求供给曲线见图 1-9。

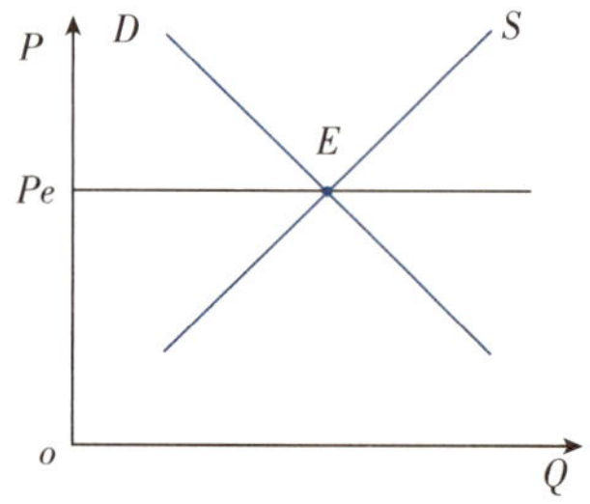

图 1-9　短期均衡情况下的需求供给曲线

长期均衡：在长期内，由于厂商可以自由地进出，从而使市场供求达到均衡，既不存在供不应求，也不存在产品过剩。更重要的是，此时所有厂商都以最低成本提供产品，并且都获得最大利润，尽管利润为零，此为正常利润而无超额利润；消费者也都以最低价格购买产品，并且获得最大效用。

由上述市场均衡分析可见，短期内确实存在不同行业的供求变化，由此形成不同行业的不同市场状况，所在行业的企业也存在三种状态：盈利、亏损和盈亏平衡。这对于股票投资的选股决策尤为重要。而长期均衡显示无所谓行业的好坏，因为厂商可以在不同行业自由地进出，都可以获得正常利润。但如前所述，产业的变化除受供求的影响外，还受技术的进步、消费习惯的变化及国家产业政策等因素的影响。这不仅是产业变化的重要因素，也是股票投资中行业选择的重要因素。长期均衡情况下的需求供给曲线见图 1-10。

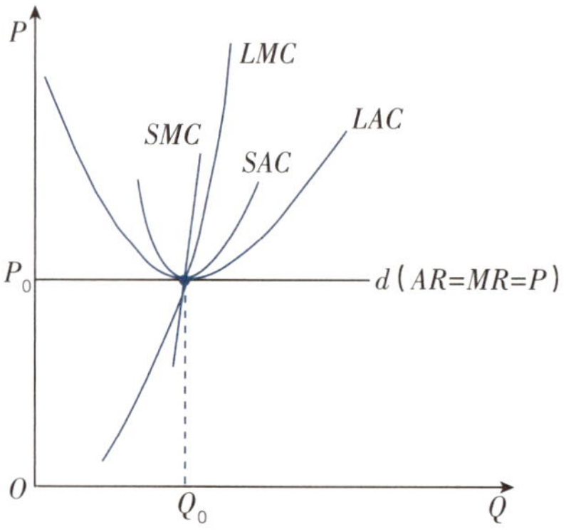

图 1-10　长期均衡情况下的需求供给曲线

二、技术进步的含义

在经济全球化和知识化的态势下，技术进步是企业取得竞争优势的关键，尤其是企业的策略性行为。由技术进步导致的新产品的竞争，比现有产品在价格上的竞争更为重要。

（一）技术进步的内涵与形式

1. 内涵

技术进步是一个动态过程，由知识变革，发现替代老产品的新方法，开发替代产品，引进推销、组织和管理技术等组成。从狭义或微观角度讲，技术进步也可以理解为技术创新（或创新），是指企业应用创新的知识或新技术、新工艺，采用新的生产方式和经营管理模式，提高产品质量，开发生产新的产品，提供新的服务，占据市场并实现市场价值。创新有很多类型，通常分为两类：产品创新和工艺创新。

2. 形式

从技术进步的角度分析，美籍奥地利经济学家约瑟夫·阿洛伊斯·熊彼特将其分为三个阶段：发明、创新和扩散（或模仿）。从方法上来说，也可以把技术进步过程分为六个阶段：基础科学、科学发现、发明、开发、创新和扩散。

综上所述，技术进步的实质是科学技术活动的研究与发展成果物化为产品，并使之成功到达市场，有效占领市场，从而提高经济实力和在市场上的竞争能力，即获得持久的竞争优势。

（二）技术进步的影响因素

（1）市场竞争的压力和开拓需求的结合。

（2）各产业需求增长弹性差异，致使各产业面临的技术进步机会具有差异。

（3）研究和开发费用的多少及其分布。

（4）企业的规模差异。

（5）国家创新体系及其主导作用。

国家创新体系：
- 企业，创新的主体
- 公共研究机构，知识生产活动，是知识源
- 教育培训机构，创新人才培养
- 政府机构，政策的制定
- 金融机构，提供资金支持

（三）技术进步对产业结构的影响

技术进步将从供给和需求两个层面影响产业结构。

1. 供给层面

技术进步将推动新产品的产生，或者替代原有产业，或者使原产业升级，或者形成新的产业等都将促使产业结构的变化。比如，知识经济年代，网络化、信息化等催生了互联网及电商行业的发展。

2. 需求层面

新产品、新技术以及新的服务方式等改变了原有的生产和社会方式，甚至改变了人们的消费习惯，产生了新的需求等，同样会促使产业结构发生变化。

因此，在证券投资中，要特别关注技术革命，关注新兴产业的发展状况，这对投资决策至关重要。

课堂总结

1. 了解产业结构变化的一般均衡分析。
2. 了解技术进步的含义。
3. 了解技术进步对产业结构变化的影响。

第二章

中国产业结构发展分析

第5课　中国产业结构的历史演变

一、中国产业的划分

将产业划分为第一产业、第二产业和第三产业。

第一产业：主要指生产食材以及其他一些生物材料的产业，包括种植业、林业、畜牧业、水产养殖业等直接以自然物为生产对象的产业。

第二产业：主要指加工制造产业，利用自然界和第一产业提供的基本材料进行加工处理，包括采矿业，制造业，电力、燃气及水的生产和供应业，建筑业等。

第三产业：是指第一、第二产业以外的其他行业，范围比较广泛，主要包括交通运输业、通信产业、商业、餐饮业、金融业、教育产业、公共服务等非物质生产部门。2018 年，国家统计局对《三次产业划分规定》进行了修订，明确第三产业为服务业。

二、三大产业的关系

三大产业的关系为：相互依赖、相互制约。具体表现为：

（1）第一产业为第二、第三产业奠定基础；

（2）第二产业是三大产业的核心，对第一产业有带动作用；

（3）第一、第二产业为第三产业创造条件，第三产业的发展促进第一、第二产业的进步。

三、新中国成立以来产业结构的演变

中国历年各产业 GDP 情况见表 2-1。

表 2-1 中国历年各产业 GDP 情况

时间	年份	GDP（亿元）				同比增长（%）	说明
		第一产业	第二产业	第三产业	总计		
“一五”（1953—1957 年）							（1949—1978 年）
“二五”（1958—1962 年）							1. 优先发展重工业
“三五”（1966—1970 年）							2. 发展农业
“四五”（1971—1975 年）							3. 经济波动
“五五”（1976—1980 年）	1980	1359	2192	966	4517	7.8	（1978—1997 年）
“六五”（1981—1985 年）	1985	2542	3866	2556	8964	13.5	1. 改革开放
“七五”（1986—1990 年）	1990	5017	7717	5814	18548	3.8	2. 纠正失衡
“八五”（1991—1995 年）	1995	12136	28679	19979	60794	10.9	3. 均衡发展
“九五”（1996—2000 年）	2000	14212	45488	29704	89404	8.4	（1998—2012 年）
“十五”（2001—2005 年）	2005	23070	87365	73433	183868	11.3	重启重化工业
“十一五”（2006—2010 年）	2010	40497	186481	171005	397983	10.3	
“十二五”（2011—2015 年）	2015	60862	282040	346150	689052	6.9	2012 年 11 月召开党的十八大
“十三五”（2016—2020 年）	2020	77754	384255	553977	1015986	2.3	2017 年 10 月召开党的十九大 2013 年以后经济新常态

注：以上数据均为国家统计局的非价格变化数据。

1980—2020 年中国各产业 GDP 占比情况见表 2-2。

表 2-2 1980—2020 年中国各产业 GDP 占比情况

年份	各产业占当年 GDP 的比例（%）		
	第一产业	第二产业	第三产业
1980	30.1	48.5	21.4
1985	28.4	43.1	28.5
1990	27.0	41.6	31.3
1995	20.0	47.2	32.9
2000	15.9	50.9	33.2
2005	12.5	47.5	39.9
2010	10.2	46.9	43.0
2015	8.8	40.9	50.2
2020	7.7	37.8	54.5

（一）1978 年以前的产业结构：曲折发展阶段

大事件：1978 年 12 月 18 日，党的十一届三中全会召开。

1949—1978 年，中国产业结构经过近 30 年的曲折发展，取得了一定的成就，初步建立了比较完整独立的工业体系和国民经济体系。从产业结构来看，虽然提出了“以农业为基础，以工业为主导”的国民经济发展方针，但从整体上看，产业结构表现为农业和商业发展严重滞后，工业发展重工业过重，轻工业过轻，农业、轻工业、重工业的关系严重失衡。

（二）1978—1997 年的产业结构：纠正失衡和均衡发展阶段

大事件：1997 年 7 月 2 日，亚洲金融风暴席卷泰国。不久，这场风暴蔓延波及马来西亚、新加坡、日本、韩国和中国等地。

改革开放，纠正失衡，均衡发展。第一产业占 GDP 比重快速下降，第二产业占 GDP 比重稳中有升，第三产业占 GDP 比重大幅上升。

（三）1998—2012 年的产业结构：重启重化工业

大事件：2007 年开始的美国次贷危机，到 2008 年演化为一场国际金融危机。

国际金融危机爆发后，为减缓经济增长速度下滑，政府进一步扩大基本建设投资，以弥补出口萎缩造成的负增长缺口。因此，这个阶段我国产业结构呈现出重化工业重启态势。重化工业泛指生产资料的生产，包括能源（煤炭、石油、电力等）、机械制造、电子、化学（硫酸、制碱、化肥、石油化学等）、冶金（钢铁、有色金属等）及建筑材料（水泥、玻璃等）等工业。扩大基本建设和能源、交通、原材料供给，成为国内投资的热点。

（四）2013 年以后的产业结构：经济新常态

大事件：2012 年 11 月，党的十八大召开；2017 年 10 月，党的十九大召开。

问题：一是高端产能不足，低端产能过剩加剧；二是技术创新匮乏；三是能源效益偏低。

中国经济新常态，是指在经济结构对称态的基础上的经济可持续发展，包括经济可持续稳增长。经济新常态是强调结构稳增长的经济，而不是总量经济，着眼于经济结构的对称态及在对称态基础上的可持续发展，不是通过 GDP 的增长，而是通过“调结构”达到提质增效的目的。

（五）总体演变

第一产业占比持续下降，第二产业占比稳中略降，第三产业占比持续上升。

课堂总结

1. 了解中国产业结构的划分。
2. 了解中国产业结构的演变。

第6课 中国产业结构发展的现状与未来

一、不同时期产业结构的分析

（一）“十一五”时期的产业结构

2006—2010年，即“十一五”期间的五年，是着力推进经济发展方式转变和经济结构调整的五年。“十一五”规划提出：建设社会主义新农村是我国现代化进程中的重大历史任务；推进工业结构优化升级，发展先进制造业、提高服务业比重和加强基础产业基础设施建设，是产业结构调整的重要任务。随着“十一五”规划的推进，产业结构持续改善，服务业发展加快，第三产业产值占GDP的比重逐渐提高。到2010年，第三产业产值占GDP的比重达到了43.0%，比2005年提高3.1个百分点。而第二产业产值占GDP的比重则由2005年的47.5%下降到2010年的46.9%，第一产业的比重由12.5%下降到10.2%。

“十一五”是基础设施和基础产业迅速发展的时期，也是经济发展的瓶颈制约进一步缓解的五年。工业结构方面，通过实施促进传统产业升级和重点产业振兴政策，大力发展了先进制造业；通过重点产业调整和技术改造专项，落后产能淘汰力度加大，工业结构调整成效显著。其中，能源工业结构优化，电力行业上大压小，关闭小煤矿；媒体产业集中度不断提高；装备制造业实力显著提升；高耗能行业增速减缓，节能减排取得成效。工业整体素质明显提高，生产能力全面提升。

（二）“十二五”时期的产业结构

2011—2015年，即“十二五”期间的五年。“十二五”规划提出，“十二五”时期要以加快转变经济发展方式为主线，把经济结构战略性调整作为加快转变经济发展方式的主攻方向。其中，产业结构的战略性调整和转型升级是关键。“十二五”时期的经济任务包括建设社会主义新农村，改造提升制造业，培育发展战略性新兴产业，推动服务业大发展，加大环境保护力度，繁荣发展文化事业和文化产业等。到2015

年，第一产业产值占 GDP 的比重为 8.8%，比 2010 年下降了 13.7 个百分点；第二产业产值占 GDP 的比重为 40.9%，比 2010 年下降了 12.8 个百分点；第三产业产值占 GDP 的比重为 50.2%，比 2010 年上升了 16.7 个百分点。

“十二五”期间，我国产业结构转型升级主要在三个方面出现较大突破。一是以新能源为主导的高技术产业得到快速发展，为我国产业结构转型升级提供了重要支撑。二是以装备制造业为主导的工业发展水平得到较大提高，为我国产业结构转型升级提供了重要基础。在国家产业振兴规划中，装备制造业的振兴应是重中之重，不仅关系着我国钢铁、汽车、石化、船舶、轻工业、纺织、有色、电子信息制造及国防军工等众多重化工业发展的基础水平，而且关系到我国自主创新能力和技术产品市场应用水平的根本提高。三是以物流业为主导的现代服务业发展大大加快，为我国产业结构转型升级提供了重要依据。同时，基础设施水平全面提升。交通、水利、能源、信息等基础设施建设步伐加快。高效、便捷的铁路网、公路网、航空运输网、城际铁路网、航道网逐渐形成。

（三）“十三五”时期的产业结构

2016—2020 年，即“十三五”期间的五年。“十三五”时期牢固树立和贯彻落实了创新、协调、绿色、开放、共享的新发展理念。“十三五”规划提出：经济发展进入新常态，向形态更高级、分工更优化、结构更合理阶段演化的趋势更加明显。新型工业化、信息化、城镇化、农业现代化深入发展，新的增长点、增长极、增长带不断成长壮大。在产业发展上，重点包括：推进农业现代化，加快推进农业结构调整，提高粮食生产能力保障水平，增强农产品安全保障能力，推进农村一二三产业融合发展，加快建设美丽宜居乡村；优化现代产业体系，实施制造强国战略，全面提升工业基础能力，推动传统产业改造升级，加快发展新型制造业；支持战略性新兴产业发展，培育发展战略性产业；加快推动服务业优质高效发展；拓展网络经济空间，发展现代互联网产业体系；发展绿色环保产业。“十三五”期间，推动“三去”（去产能、去库存、去杠杆）工作的同时，中国新产业、新业态、新商业模式的“三新”经济快速发展。

到 2020 年，第一产业产值占 GDP 的比重为 7.7%，比 2015 年下降了 12.5 个百分点；第二产业产值占 GDP 的比重为 37.8%，比 2015 年下降了 7.6 个百分点；第三产业占 GDP 的比重为 54.5%，比 2015 年上升了 8.6 个百分点。“十三五”时期，中国经济结构持续优化，新型产业结构初步形成。

“十一五”到“十三五”期间产业结构发展概述如表 2-3 所示。

表2-3 “十一五”到“十三五”期间产业结构发展概述

项目	“十一五”（2006—2010年）	“十二五”（2011—2015年）	“十三五”（2016—2020年）
主基调	转变经济发展方式	加快转变经济发展方式	经济发展新常态
	经济结构调整	产业结构战略性调整和转型升级	推进创新、协调、绿色、开放、共享的新发展理念
农业	发展现代农业	加快发展农业	推进农业现代化
	建设新农村	加快新农村建设	推进农业结构调整，增强农产品安全保障能力
			2017年10月在党的十九大报告中提出乡村振兴战略
工业	传统产业升级	改造提升制造业	优化现代产业体系
	振兴装备制造业	培育战略性新兴产业	实施制造强国战略
	优化能源工业	发展以新能源为主导的高技术产业	推动传统产业改造升级
	电力上大压小	提高以装备制造业为主导的工业发展水平	加快发展新型制造业
	关闭小煤矿	2015年5月国务院发布《中国制造2025》	支持战略性新兴产业发展
	节能减排		培育发展战略性产业
	提升轻纺工业		推动“三去”的同时加快发展“三新”经济
服务业	加快发展服务业	以物流业为主导的现代服务业	加快推动服务业优质高效发展
		推动服务业大发展	
		繁荣发展文化事业和文化产业	
综合	发展循环经济 加大环境保护力度 加强基础设施建设	大力发展循环经济 加大环境保护力度 构建综合交通运输体系 全面提高信息化水平 推动海洋经济发展	拓展网络经济空间 发展绿色环保产业 发展现代互联网产业体系

二、中国产业结构现状分析与未来

中国的产业结构经历了反复的结构调整和发展，尤其是经历了最近三个五年规划，“十四五”规划从2021年开始，现在的产业结构正是“十三五”规划结束时的产业结构。

（一）现状及特点

（1）三二一的三次产业结构。第三产业产值占 GDP 的比重达到 54.5%，第二产业占 GDP 的比重为 37.8%，第一产业占 GDP 的比重为 7.7%。

（2）农业发展的重点在于乡村振兴战略。

（3）工业结构的调整和优化。实施制造强国战略，实施《中国制造 2025》，加快发展“三新”经济，推动传统产业改造升级，加快发展新型制造业，支持战略性新兴产业发展，培育发展战略性产业。强调构建制造业的信息化、智能化、数字化和网络化的新发展格局。“十三五”期间产生了很多新兴产业，尤其是“三新”经济的发展，而这些产业在股市中的表现都很好。

（4）服务业的大发展。

（5）经济发展的网络化和可持续发展。

①拓展网络经济，发展现代互联网产业体系。

②加大环境保护力度。

（二）新兴产业的股市表现

1. 新材料概念

2014 年 10 月至 2024 年 2 月新材料概念指数日 K 趋势见图 2-1。

图 2-1 2014 年 10 月至 2024 年 2 月新材料概念指数日 K 趋势

2. 工业互联网

2018 年 2 月至 2023 年 11 月工业互联网指数日 K 趋势见图 2-2。

图 2-2　2018 年 2 月至 2023 年 11 月工业互联网指数日 K 趋势

（三）产业结构发展未来

根据“十四五”规划，2021—2025 年，经济社会发展将锚定 2035 年远景目标。坚定不移贯彻创新、协调、绿色、开放、共享的新发展理念，以推动高质量发展为主题，以深化供给侧结构性改革为主线，以改革创新为根本动力，加快建设现代化经济体系。加快发展现代产业体系，推动经济体系优化升级。坚持把发展经济的着力点放在实体经济上，坚定不移地建设制造强国、质量强国、网络强国、数字中国，推进产业基础高级化、产业链现代化，提高经济质量效益和核心竞争力。

1. 农业

优先发展农业农村，全面推进乡村振兴。强化以工补农、以城带乡，推动形成工农互促、城乡互补、协调发展、共同繁荣的新型工农城乡关系，加快农业农村现代化。

2. 工业

加快发展现代产业体系，推动经济体系优化升级。保持制造业比重基本稳定，巩固壮大实体经济根基。

发展战略性新兴产业。加快壮大新一代信息技术、生物技术、新能源、新材料、高端装备、新能源汽车、绿色环保以及航空航天、海洋装备等产业。推动互联网、大数据、人工智能等同各产业深度融合，推动先进制造业集群发展，构建一批各具特色、优势互补、结构合理的战略性新兴产业增长引擎，培育新技术、新产品、新业态、新模式。促进平台经济、共享经济健康发展。鼓励企业兼并重组，防止低水平重复建设。

3. 服务业

加快发展现代服务业。推动现代服务业同先进制造业、现代农业深度融合，加快推进服务业数字化。

4. 综合发展

统筹推进基础设施建设，构建系统完备、高效实用、智能绿色、安全可靠的现代化基础设施体系。加快数字化发展，发展数字经济，推进数字产业化和产业数字化，推动数字经济和实体经济深度融合。繁荣发展文化事业和文化产业，提高国家文化软实力，健全现代文化产业体系。推动绿色发展，促进人与自然和谐共生，持续改善环境质量。

总结：从“十一五”到“十四五”20 年产业结构的发展演变，分析未来一定时期产业结构发展的趋势，有助于把握未来一定时期股票投资的主动权。

课堂总结

1. 了解中国不同五年规划期间的产业结构发展及其特点。
2. 了解“十四五”规划期间的产业结构发展趋势。

第三章

产业政策分析

第7课 产业政策概述

一、产业政策的含义及特征

（一）产业政策的含义

产业政策起源于二战后的日本，并逐步推向世界。但世界各国的经济背景及其经济发展中的问题不同，所以对产业政策的定义存在很多分歧，不同定义体现了产业政策的不同范围。

（1）日本经济学家铃村兴太郎说，产业政策是在竞争市场结构之运作有任何机能发生障碍时，政府调整分配各产业间资源，或干预特定产业内之产业组织，借以提高一国经济福利水准之政策。日本学者小宫隆太郎认为，产业政策的中心课题，就是针对资源分配方面出现的市场缺陷而进行的对策。由此概括为：产业政策是政府为了弥补市场缺陷而采取的一些补救措施的政策。日本学者下河边淳在《现代日本经济事典》中说，产业政策是政府为实现某种经济和社会目标，以全产业为直接对象，通过对全产业的保护、扶植、调整和完善，积极或消极参与某个产业或企业的生产、经营、交易活动，以及直接或间接干预商品、服务、金融等市场形成和市场机制的政策总和。

（2）英国经济学家阿格拉说，产业政策是与产业有关的一切国家的法令和政策。

（3）英国学者亚当斯和克莱因也持有与阿格拉类似的观点，他们在《增长与竞争的产业政策》中说，产业政策是用来挖掘经济供给潜力、促进经济增长、提高劳动生产率、增强竞争力的一切政策手段。

（4）美国学者阿密塔伊说，产业政策就是计划，是政府为了实现国家的经济目标而发展或抑制某些产业的政策。

（5）中国学者刘志彪认为，产业政策不仅是推动产业结构创新和升级，加快产业结构转换和促进产业结构高度化、规范产业内企业间竞争和垄断关系的政策总称，还包括产业地区配置、劳动就业配置、投资资金配置及技术配置等在内的一系列有关产业发展政策。

综上所述，国家产业政策是政府为了实现一定的经济和社会目标而对产业的形成和发展进行干预的各种政策的总和。干预包括规划、引导、促进、调整、保护、扶持、限制等方面的含义。产业政策的功能主要是弥补市场缺陷，有效配置资源；保护幼小民族产业的成长；熨平经济震荡；发挥后发优势，增强适应能力。

（二）产业政策的特征

（1）产业政策对经济的干预程度是深入的。产业政策由于干预了产业部门之间和产业内部的资源分配过程，比其他间接干预经济运行的总体经济政策更深入。

（2）产业政策的理论基础是多方面的。产业政策除了产业结构理论、产业联系理论、产业组织理论，还有比较优势理论、经济发展计划理论、技术进步理论等。

（3）产业政策的手段是综合性的。国家计划、财政、金融、税制、外贸、外汇、价格、技术研制、企业法、反垄断法，以及必要的行政指导等都可以成为实施产业政策的选择性手段。

（4）产业政策的功能是多重的。它主要用于：弥补资源配置中的市场缺陷，加快产业结构转换，保持和促进幼稚产业的发展，帮助困难产业和衰退产业进行结构重整，创造有利于平等竞争、规范竞争的市场环境和秩序，发挥国家竞争优势，提高本国产业的国际竞争力，实现生产要素在国内各地区间的均衡配置，使科技进步与产业结构调整互为促进等。

（5）产业政策的内容是会变化的。由于发展程度的不同，产业政策往往因时、因地不同。比如，在西方发达国家，产业政策往往被看成选择有希望成功的高新技术的一种尝试，或选择决定市场结构的政策因素；而在发展中国家，产业政策则意味着工业化、发展战略和贸易政策等。经济发展的不同时期有不同的产业政策。

（三）产业政策与总量控制

产业政策是国家宏观经济管理的重要组成部分。宏观经济管理不仅涉及经济总量的均衡和增长，而且涉及产业结构变化和产业组织调整；不仅涉及产业发展目标，而且涉及具体的措施和手段。产业政策的基本功能，是指示产业发展方向，规划产业发展目标，调节各产业之间的相互关系及内部结构变化关系。以需求管理为主的总量平衡方法与以供给管理为主的产业政策，是两种区别较大的宏观管理办法，它们在功能上是相互补充的关系而不是相互替代的关系。

二、产业政策的基本内容

产业结构的发展规划主要包括未来产业结构发展的总体规划，主导产业的选择、传统产业的调整和成长产业的保护等。

三、产业政策的作用

产业政策是国家加强和改善宏观调控，弥补总量控制政策的缺陷，纠正市场失灵；抑制固定资产投资过快增长；制止部分行业盲目扩张；有效调整和优化产业结构；提升产业素质，保持国民经济持续、快速、健康发展的重要手段。

课堂总结

1. 了解产业政策的含义及特征。
2. 了解产业政策与宏观总量的关系。
3. 了解产业政策的作用。

第 8 课　主导产业的政策选择和扶植

对发展中国家来说，产业政策中最重要的部分是产业结构政策。产业结构政策是根据一定时期内一国经济结构的内在联系，制定的协调产业结构内部比例关系以及促进这种结构变化的政策措施，其能揭示产业结构的发展过程及发展趋势。因此，在制定产业结构政策时，首先要选择和确定一定时期的主导产业，通过主导产业的发展带动或推动国民经济各产业部门的发展。

一、主导产业的定义及其特征

（一）主导产业的定义

主导产业，通常是指在一国经济发展的某阶段，对产业结构和经济发展起到导向和决定作用，并具有广阔的市场前景和技术进步能力的产业，也就是通常所说的支柱产业。

（二）主导产业的特征

（1）具有技术上的先进性，能够吸收最新的先进技术，具有较高的生产效率。

（2）在经济中比重较大，综合效益较好，并具有较大增长潜力。

（3）对其他部门乃至整个经济系统具有扩散性影响。

二、主导产业的选择

（一）主导产业的演变规律

主导产业不是一成不变的。经济发展阶段不同，选择的主导产业也不同。通常主导产业的演变遵循以下规律：

劳动密集型→资本密集型→资本技术密集型→知识技术密集型

（二）主导产业的选择基准

1. 比较优势基准

比较优势包括该产业具有的静态和动态比较优势。李嘉图首先提出了静态比较优势的概念：如果一国或一地区某产业生产成本相对较低，那么该产业就是该国或该地区具有比较优势的产业。德国经济学家李斯特提出了动态比较优势，他认为，有些产业目前没有优势，但经过一段时间的保护将具有竞争力。

2. 筱原基准：收入弹性基准、生产率上升率基准

筱原基准由日本经济学家筱原三代平提出。他认为，可以从需求和供给角度选择主导产业。

（1）收入弹性基准。收入弹性，是指在价格不变的前提下，产品需求的变化率与国民收入的变化率的比值；随着经济的增长，高收入弹性的产业在产业结构中所占的比重会增加。产业的收入弹性一般是：农业<轻工业<重工业。

（2）生产率上升基准。筱原基准中的生产率，是指全要素生产率，衡量的是当全部生产要素投入量不变时，生产仍能增加的部分，这主要来源于技术进步，所以又叫“技术进步率”。根据生产率上升率基准可以挑选出经济技术进步最快的产业。

3. 赫希曼和罗斯托基准：产业联系

美国发展经济学家阿尔伯特·赫希曼在《经济发展战略》中提出，经济中各产业是相互联系的，具有前向关联效应和后向关联效应，应该选择产业联系度高的产业做主导产业带动经济增长；美国经济学家华尔特·惠特曼·罗斯托在《从起飞进入持续增长的经济学》中将关联效应扩充为前向关联效应、后向关联效应和旁侧效应，并提出可以用影响力系数和感应度系数衡量产业关联效应，主导产业应当选择具有较大关联效应的产业，以期带动其他产业的发展。

4. 环境和劳动内容基准

随着经济的快速增长，环境问题变得日益严重。1971 年，日本产业结构审议会增加了环境基准和劳动内容基准。

环境基准，是指政府在选择主导产业时，必须以环境污染少、能源消耗低为选择基准。

劳动内容基准，是指在选择产业时，必须充分考虑劳动内容的丰富性和趣味性，并把能够提供安全、舒适和稳定的劳动岗位作为选择基准。

我国在党的十九大报告中也明确提出要推行绿色发展、建设美丽中国，实际上就是强调环境保护。

实践中，符合上述基准的部门，大都是具有高增长潜力的新兴产业。但各国在运用上述基准选择主导产业时，还要结合国内的实际情况，甚至是政策倾向于援助困难产业，大力扶持和保护不符合筱原基准的传统产业和衰退产业。比如，对农业给予极为优厚的补助和保护等。

三、主导产业的扶植政策

（一）产业环境协调政策

政府在扶植主导产业时，会尽可能地协调主导产业与产业环境之间的矛盾，解除主导产业发展的约束条件，创造有利于主导产业发展的产业环境。

（二）优先发展基础产业政策

基础产业对主导产业有巨大的支持作用，政府通过对基础产业的扶持，提高基础产业对主导产业的支持能力，从而避免由基础产业和基础设施的制约，导致主导产业的高速发展受阻。

（三）财政金融扶持政策和贸易保护政策

（四）主导产业技术促进政策

主导产业的技术要求高，因此需要制定有利于主导产业成长的技术进步政策。比如，我国“六五”计划明确提出要以“自主技术开发战略”保证计划的实现。

课堂总结

1. 了解主导产业的特征。
2. 了解主导产业选择的标准。
3. 了解主导产业的扶植政策。

注意：我们在股票投资的过程中，明确不同时期的主导产业，对于选股决策至关重要。

第9课 衰退产业的调整和成长产业的保护

一、衰退产业的调整和援助

（一）衰退产业的概述

衰退产业，是指在正常情况下，一个国家或地区的某一产业产品销售增长率在较长时期内持续下降或停止，或出现增长有规则减速的产业。对其理解要注意以下几点。

（1）必须是在经济正常情况下，在较长时期内销售增长率持续下降的产业才能称为衰退产业。

（2）衰退产业具有较强的地域性。由于经济发展水平和消费水平不同，某一产业在某一国或某一地区是衰退产业，而在另一国或另一地区不一定是衰退产业。

（3）一个总体上处于衰退的产业，可能某些产品仍具活力。比如，目前钢铁行业整体处于衰退期，但某些高技术的合金钢、特种钢等仍然有活力。

（4）一个产业是衰退产业，不一定意味着该产业没有竞争力。产业虽然衰退了，但可能仍然具有较大的市场份额，在贸易方面仍然有较大的顺差。

（二）产业衰退的原因

（1）需求变化的原因。衰退产业最基本的特征是需求增长减速甚至停滞。所以，当消费需求发生变化、对某一产业的产出需求锐减或者消失时，一般会引起该产业的衰退。

（2）技术替代的原因。由于新技术、新产品的产生，某种商品被另一种新商品替代，旧商品的需求下降，市场被挤占，从而该产业衰退。

（3）资源供给的原因。某产业所需资源趋于枯竭，资源成本价格上涨，将导致该产业趋于衰退。

（4）国际竞争方面的原因。由于国际分工格局的变化，某些具有国际竞争优势的产业因竞争优势丧失和比较优势发生转移，导致原有产业萎缩。比如，20 世纪 60 年代，德国造船业成为衰退产业是因为日本造船业的兴起，20 世纪 70 年代日本造船业成为衰退产业是因为韩国造船业的兴起。

（三）衰退产业的调整援助政策

衰退产业调整的主要路径有以下几个。

1. 产业升级

产业升级是某一产业不断由低使用价值、低附加值和低技术水平向高使用价值、高附加值和高技术水平转变的过程。

2. 区位调整

比如，将发达地区失去竞争优势的部分传统产业转移到欠发达地区，使其具有竞争优势。

3. 产业转移

有些衰退产业产品已经被高效率、高效益的新兴产业产品替代，这些衰退产业的继续生存将导致资源浪费，或破坏环境，因而必须淘汰。产业转移是对这些衰退产业实施有秩序的收缩和促进资源向其他产业部门有效转移，即关停并转。

4. 资源重组

企业并购是实现资源有效转移的途径。资源重组使资源从低效企业或衰退产业向高效企业或新兴产业转移。尤其是借助资本市场，以企业并购为主的资源重组使企业成功退出衰退产业。

二、成长型产业的保护

（一）成长型产业的特征

成长型产业，是指一些新兴的产业，其形成时间不长，但因为顺应市场和经济发展趋势，在较长时期内，具有持续发掘、利用产业内部资源的能力，不同程度地表现着整体扩张态势并且未来发展预期良好。其中，最主要的是新兴产业。战略性新兴产业是指建立在重大前沿科技突破基础上，代表未来科技和产业发展新方向，体现当今世界知识经济、循环经济、低碳经济发展潮流，尚处于成长初期、未来发展潜力巨大，对经济社会具有全局带动和重大引领作用的产业。比如，20 世纪 50 年代日本的汽车工业，20 世纪 70 年代韩国的造船业，我国在 2010 年确立的节能环保、新一代信息技术、生物、高端装备制造、新能源、新材料和新能源汽车等七大战略性新兴产业。

成长型产业并不是固定不变的。随着经济社会的快速发展，很多成长型产业很快发展壮大，成为竞争力强大、产业链不断延伸、对多个行业甚至地区经济发展产生重大影响的支柱产业。因此，成长型产业的最大特点是有巨大的发展潜力。

（二）成长型产业的保护政策

对成长型产业的政策保护，总的原则是要最大限度地考虑本国利益，以此评价保护政策的得失。通常有国际贸易保护政策和国内生产扶植政策。

1. 国际贸易保护政策

（1）关税保护。这是最常用的手段，征收关税，会使进口商品价格提高，减少对进口商品的需求，使国内厂商获得更多市场份额。

（2）非关税壁垒。非关税壁垒主要是限制国外产品进口的法规和行政措施。

2. 国内生产扶持政策

（1）财政扶持政策。

（2）金融扶持政策。

（3）技术扶持政策。

（4）直接管制扶持政策。

（5）出口补贴扶植政策鼓励出口。

课堂总结

1. 了解衰退产业和成长型产业的特征。
2. 了解衰退产业的调整方式。
3. 了解成长型产业的保护政策。

第 10 课 “十一五”时期及之前的产业发展政策

一、“十一五”规划之前的产业发展政策

我国五年规划对应时间轴见图 3-1。

1980年	2000年	2006—2010年	2011—2015年	2016—2020年	2021—2025年
		“十一五”	“十二五”	“十三五”	“十四五”

图 3-1　五年规划对应时间轴

（一）1980 年以前产业状况及产业政策

1980 年，我国三次产业占比分别为：第一产业占 30.1%，第二产业占 48.5%，第三产业占 21.4%。

新中国成立以来产业发展经历的阶段如下。

（1）社会主义工业基础的建立阶段（1950—1952 年），完成土地改革和没收官僚资本，建立社会主义国营经济。

（2）“一化三改”阶段（1953—1956 年），向社会主义社会过渡。“一化”即逐步实现社会主义工业化，这是总路线的主体；“三改”即逐步实现对农业、手工业和资本主义工商业的社会主义改造。

意义：建立了社会主义的工业基础，使我国由落后的农业国逐步变为先进的工业国；产业结构方面以重工业为发展重点，尤其是煤矿和钢铁等工业的快速发展，由此形成了 1980 年的三次产业结构。

（二）1980—2005 年的产业政策

1980 年，我国开始进行体制改革，经历了“六五”计划到“十五”计划的发展。

20 世纪 90 年代后期，房地产业开始迅猛发展。尤其是 2000 年停止福利分房后，房地产市场逐步形成并快速发展，房地产业逐步成为我国的支柱产业。

经过 20 年的改革和发展，2000 年的三次产业占比分别为：第一产业占 15.9%，

第二产业占 50.9%，第三产业占 33.2%。1980—2000 年，我国的农业占比大幅下降；工业占比稳中有升，超过 GDP 的一半；服务业占比快速上升。再经过“十五”计划到 2005 年，三次产业占比变化为：第一产业占 12.5%，第二产业占 47.5%，第三产业占 40%。1980—2005 年，我国的第一产业占比不断下降，第二产业占比在 2000 年达到最高点然后下降，第三产业占比持续上升。

二、“十一五”时期的产业发展政策

（一）产业发展规划

2006—2010 年是我国的“十一五”时期，其产业发展规划如下。

1. 农业

“十一五”时期新农村建设主要内容见图 3-2。

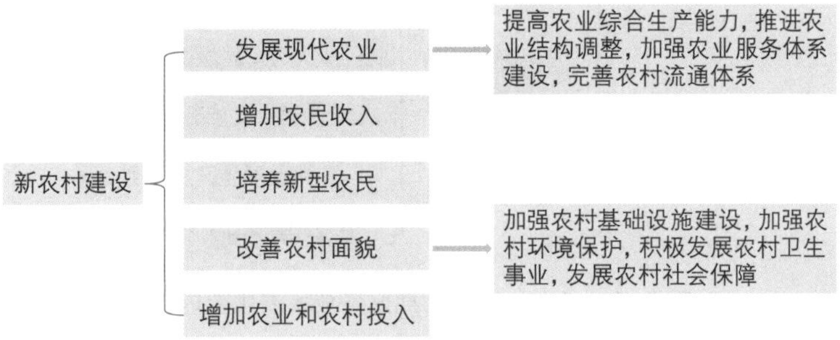

图 3-2　“十一五”时期新农村建设主要内容

2. 工业

按照走新型工业化道路要求，坚持以市场为导向、以企业为主体，把增强自主创新能力作为中心环节，继续发挥劳动密集型产业的竞争优势，调整优化产业结构、企业组织结构和产业布局，提升整体技术水平和综合竞争力，促进工业由大变强。“十一五”时期工业结构优化升级布局见图 3-3。

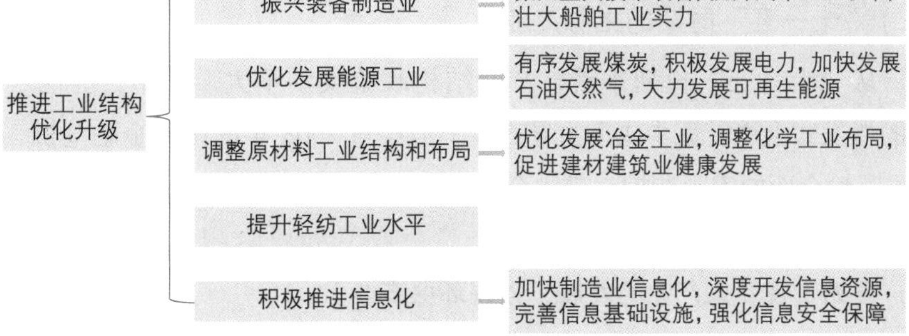

图 3-3　“十一五”时期工业结构优化升级主要内容

3. 服务业

坚持市场化、产业化、社会化方向，拓宽领域、扩大规模、优化结构、增强功能、规范市场，提高服务业的比重和水平。“十一五”时期服务业发展主要内容见图 3-4。

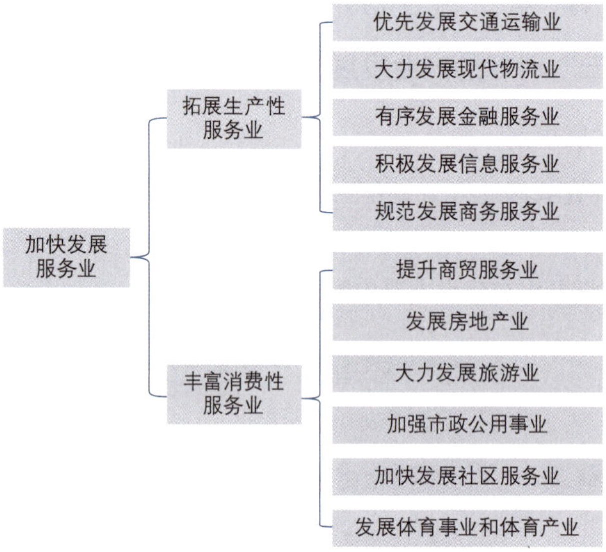

图 3-4 “十一五”时期服务业发展主要内容

4. 综合

落实节约资源和保护环境基本国策，建设低投入、高产出，低消耗、少排放，能循环、可持续的国民经济体系和资源节约型、环境友好型社会。

（1）发展循环经济。坚持开发节约并重、节约优先，按照减量化、再利用、资源化的原则，在资源开采、生产消耗、废物产生、消费等环节，逐步建立全社会的资源循环利用体系。节约能源、节约用水、节约土地、节约材料，加强资源综合利用。

（2）环境保护。保护修复自然生态；加大环境保护力度。加强水污染、大气污染、固体废物污染防治。实行强有力的环保措施，大力发展环保产业。

（二）“十一五”时期的主导产业

（1）从“十一五”规划来看，产业结构政策变动不大，其中，房地产业经过 2007 年的爆发式上涨，逐步成为主导产业，但经过 2008 年的国际金融危机，房地产业经历了一轮全面的宏观调控，进入全面调整阶段。

（2）主导产业的选择问题。

（3）开始重视新兴产业的发展，强调环保产业。

课堂总结

1. 了解中国产业结构的发展。
2. 了解“十一五”规划的产业政策。

第 11 课　“十二五”时期的产业发展政策

一、“十二五”时期的产业发展规划

（一）总体方针和政策导向

2011—2015 年是我国的“十二五”时期，为实现经济社会发展目标，必须紧紧围绕推动科学发展、加快转变经济发展方式，统筹兼顾，改革创新，着力解决经济社会发展中不平衡、不协调、不可持续的问题。在产业发展方面，同步推进工业化、城镇化和农业现代化，依靠科技创新推动产业升级，健全节能减排激励约束机制。

（二）产业发展规划

1. 农业

“十二五”时期加快建设新农村主要内容见图 3-5。

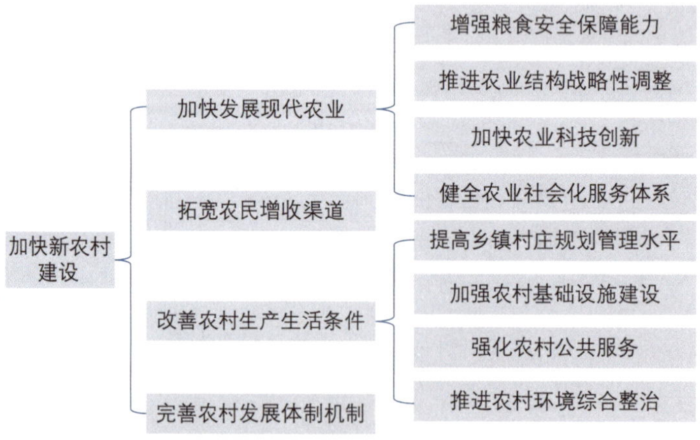

图 3-5　“十二五”时期加快建设新农村主要内容

2. 工业

转型升级，提高产业核心竞争力。这一时期的工业建设规划主要内容见图 3-6。

2015 年 5 月，国务院发布《中国制造 2025》，强调制造强国的建设。

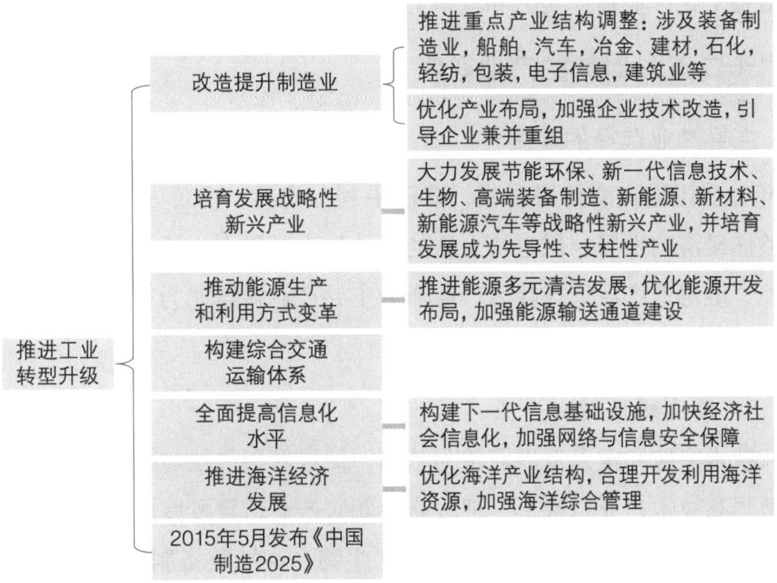

图 3-6　“十二五”时期工业建设主要内容

3. 服务业

营造环境，推动服务业大发展。拓展新领域，发展新业态，培育新热点，推进服务业规模化、品牌化、网络化经营，不断提高服务业比重和水平。“十二五”时期的服务业发展规划见图 3-7。

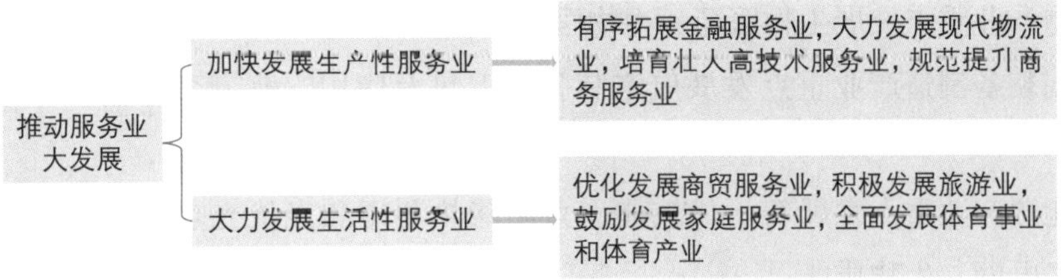

图 3-7　“十二五”时期服务业发展主要内容

4. 综合

（1）绿色发展，建设资源节约型、环境友好型社会。积极应对全球气候变化，树立绿色、低碳发展理念；加强资源节约和管理；大力发展循环经济；加大环境保护力度。

（2）创新驱动，实施科教兴国战略和人才强国战略。增强科技创新能力，加快建立以企业为主体的技术创新体系。

（3）传承创新，推动文化大发展大繁荣。推进文化创新；繁荣发展文化事业和文化产业，大力发展文化事业，加快发展文化产业，推动文化产业成为国民经济支柱性产业，增强文化产业整体实力和竞争力。

二、“十二五”时期的产业政策

（一）主导产业选择的现实性

1998 年，我国进入商品房时代，取消福利分房后，房价一路高涨，带动了上下游产业和整体经济的发展，但过快上涨的房价加大了民众生活压力，房地产受到全面的宏观调控，继房地产后选择什么产业作为主导产业显得尤为重要。

（二）主导产业的选择

1. 培育发展战略性新兴产业

以重大技术突破和重大发展需求为基础，促进新兴科技与新兴产业深度融合，在继续做大做强高技术产业基础上，把战略性新兴产业培育发展成为先导性、支柱性产业。大力发展节能环保、新一代信息技术、生物、高端装备制造、新能源、新材料、新能源汽车等战略性新兴产业。截至 2015 年，我国战略性新兴产业增加值占国内生产总值比重达到 8% 左右。

节能环保产业重点发展高效节能、先进环保、资源循环利用关键技术装备、产品和服务。

新一代信息技术产业重点发展新一代移动通信、下一代互联网、三网融合、物联网、云计算、集成电路、新型显示、高端软件、高端服务器和信息服务。

生物产业重点发展生物医药、生物医学工程产品、生物农业、生物制造。

高端装备制造产业重点发展航空装备、卫星及应用、轨道交通装备、智能制造装备。

新能源产业重点发展新一代核能、太阳能热利用和光伏光热发电、风电技术装备、智能电网、生物质能。

新材料产业重点发展新型功能材料、先进结构材料、高性能纤维及其复合材料、共性基础材料。

新能源汽车产业重点发展插电式混合动力汽车、纯电动汽车和燃料电池汽车技术。

政策支持和引导：设立战略性新兴产业发展专项资金和产业投资基金，扩大政府新兴产业创业投资规模；发挥多层次资本市场融资功能，带动社会资金投向处于创业早中期阶段的创新型企业；综合运用风险补偿等财政优惠政策，鼓励金融机构加大信贷支持力度；完善鼓励创新、引导投资和消费的税收支持政策；加快建立有利于战略性新兴产业发展的行业标准和重要产品技术标准体系；支持新产品应用的配套基础设施建设，为培育和拓展市场需求创造良好环境。

2. 繁荣发展文化事业和文化产业

大力发展文化事业，增强公共文化产品和服务供给；加快发展文化产业，推动文化产业成为国民经济支柱性产业，增强文化产业整体实力和竞争力。实施重大文化产业项目带动战略，加强文化产业基地和区域性特色文化产业群建设。推进文化产业转型升级，推进文化科技创新，研发制定文化产业技术标准，提高技术装备水平，改造提升传统产业，培育发展新兴文化产业。增强中华文化国际竞争力和影响力，提升国家软实力。

课堂总结

1. 了解“十二五”产业规划。

2. 了解“十二五”产业政策。

注意：“十二五”规划的产业政策，对股票投资意义重大。2011 年后，“十二五”规划中的主导产业的产业股票市场表现都强于大盘。“十二五”规划构成了重要的选股原则。

第12课 “十三五”时期的产业发展政策

一、“十三五”时期的产业规划

（一）总体方针和发展理念

2016—2020年的“十三五”时期，是我国全面建成小康社会的决胜阶段。2011—2015年的“十二五”时期，经济结构调整取得重大进展，农业稳定增长，第三产业生产总值占国内生产总值比重超过第二产业，基础设施水平全面跃升，高技术产业、战略性新兴产业加快发展，一批重大科技成果达到世界先进水平。积极适应把握引领经济发展新常态，全面推进创新、协调、绿色、开放、共享的新发展理念，以提高发展质量和效益为中心，实施“三去一降一补”（去产能、去库存、去杠杆、降成本、补短板），改造提升传统比较优势，加快培育新的发展动能，以供给侧结构性改革为主线，扩大有效供给，满足有效需求，确保全面建成小康社会。

（二）产业发展规划

1. 农业

推进农业现代化。农业是基础，必须加快转变农业发展方式，着力构建现代农业产业体系、生产体系、经营体系，提高农业质量效益和竞争力；增强农产品安全保障能力；提高粮食生产能力保障水平；确保农产品质量安全；构建现代农业经营体系；提高农业技术装备和信息化水平；加快推进农业结构调整；推进农村一二三产业融合发展，促进农业可持续发展。2017年，党的十九大提出乡村振兴战略。

2. 工业

优化现代产业体系。围绕结构深度调整，振兴实体经济，推进供给侧结构性改革，培育壮大新兴产业，改造提升传统产业，加快构建创新能力强、品质服务优、协作紧密、环境友好的现代产业新体系。“十三五”工业建设的主要内容见图3-8。

3. 服务业

加快推动服务业优质高效发展。以产业升级和提高效率为导向，推动生产性服务业向专业化和价值链高端延伸；加快教育培训、健康养老、文化娱乐、体育健身和旅游等领域的发展，推动生活性服务业向精细和高品质转变。

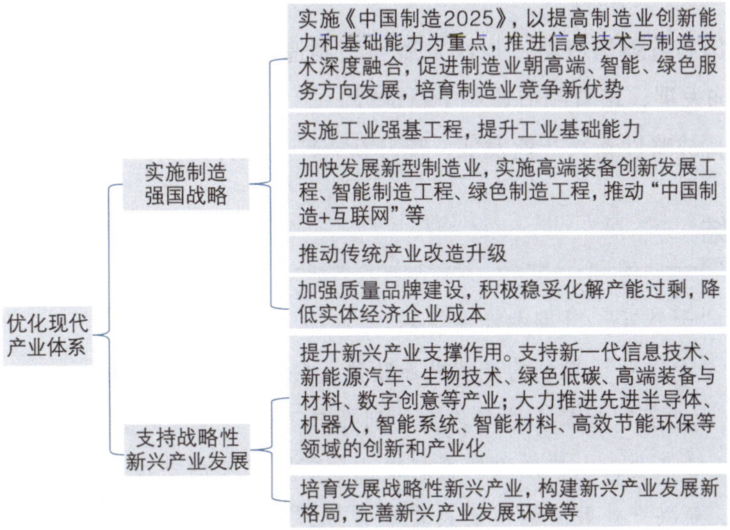

图 3-8 “十三五”时期工业建设主要内容

4. 综合

（1）拓展网络经济空间。牢牢把握信息技术变革趋势，实施网络强国战略，加快建设数字中国，推动信息技术与经济社会发展深度融合，加快推动信息经济发展壮大。发展现代互联网产业体系，实施国家大数据战略，强化信息安全保障。

（2）构筑现代基础设施网络。拓展基础设施建设空间，加快完善安全高效、智能绿色、互联互通的现代基础设施网络，更好发挥对经济社会发展的支撑引领作用。

（3）加快改善生态环境。以提高环境质量为核心，以解决生态环境领域突出问题为重点，加人生态环境保护力度，提高资源利用效率，推进资源节约集约利用，大力发展循环经济；加大环境综合治理力度，加强生态保护修复；发展绿色环保产业。

二、“十三五”时期的产业政策

（一）传统产业的调整

（1）实施“三去一降一补”，积极稳妥化解产能过剩，坚决淘汰落后产能，降低实体经济企业成本，改造提升传统比较优势，夯实实体经济根基。

（2）推动传统产业改造升级。实施制造业重大技术改造升级工程，完善政策体系，支持企业瞄准国际同行业标杆，全面提高产品技术、工艺装备、能效环保等水平，实现重点领域向中高端的群体性突破。开展改善消费品供给专项行动。鼓励企业并购，形成以大企业集团为核心，集中度高、分工细化、协作高效的产业组织形态。

（3）实施国家大数据战略，助力产业转型升级。

（二）主导产业的选择

（1）实施制造强国战略，加快发展新型制造业，促进制造业朝高端、智能、绿色、服务方向发展，培育制造业竞争新优势。

（2）支持战略性新兴产业发展，提升新兴产业支撑作用。

课堂总结

1. 了解“十三五”时期的产业规划。

2. 了解“十三五”规划的产业发展政策。

注意：“十三五”时期，主导产业的选择与“十二五”时期有所不同，没有把文化产业作为主导产业，尤其注重新型制造业和新兴产业的支撑作用。经过“十三五”时期的发展，新兴产业股票的市场表现非常好，这同样成为2020年以后选股的重要原则。

第 13 课　“十四五”时期的产业发展政策

一、“十四五”时期的产业规划

（一）总体方针及战略导向

2021—2025 年为“十四五”时期，是我国实现第一个百年奋斗目标并向第二个百年奋斗目标进军的第一个五年，同时“十四五”规划是根据 2035 年的远景目标确定的，因此具有战略导向性。“十四五”时期强调要推动高质量发展，就必须坚定不移贯彻创新、协调、绿色、开放、共享的新发展理念，坚持稳中求进工作总基调，以推动高质量发展为主题，以深化供给侧结构性改革为主线，以改革创新为根本动力，加快建设现代化经济体系，加快构建以国内大循环为主体、国内国际双循环相互促进的新发展格局，实现经济行稳致远、社会安定和谐，为全面建设社会主义现代化国家开好局、起好步。

坚持创新驱动发展，全面塑造发展新优势。把科技自立自强作为国家发展的战略支撑，完善国家创新体系，强化国家战略科技力量，提升企业技术创新能力。在事关国家安全和发展全局的基础核心领域，制订实施战略性科学计划和科学工程，加快建设科技强国。

（二）“十四五”时期的产业规划

1. 农业

坚持农业农村优先发展，全面推进乡村振兴。走中国特色社会主义乡村振兴道路，全面实施乡村振兴战略，强化以工补农、以城带乡，推动形成工农互促、城乡互补、协调发展、共同繁荣的新型工农城乡关系，加快农业农村实现现代化。

增强农业综合生产能力，夯实粮食生产能力基础，保障粮、棉、油、糖、肉、奶等重要农产品供给安全。

深化农业结构调整。优化农业生产布局，建设优势农产品产业带和特色农产品优势区。积极发展设施农业，因地制宜发展林果业。深入推进优质粮食工程。推进农业绿色转型，完善绿色农业标准体系，建设现代农业产业园区和农业现代化示范区。

丰富乡村经济业态。推进农村一、二、三产业融合发展，延长农业产业链，发展各具特色的现代乡村富民产业。推动种养加结合和产业链再造，壮大休闲农业、乡村旅游、民宿经济等特色产业。

提升乡村基础设施和公共服务水平，改善农村人居环境。

2. 工业

加快发展现代产业体系，巩固壮大实体经济根基。坚持把发展经济着力点放在实体经济上，加快推进制造强国、质量强国建设，促进先进制造业和现代服务业深度融合，强化基础设施支撑引领作用，构建实体经济、科技创新、现代金融、人力资源协同发展的现代产业体系（见图3-9）。

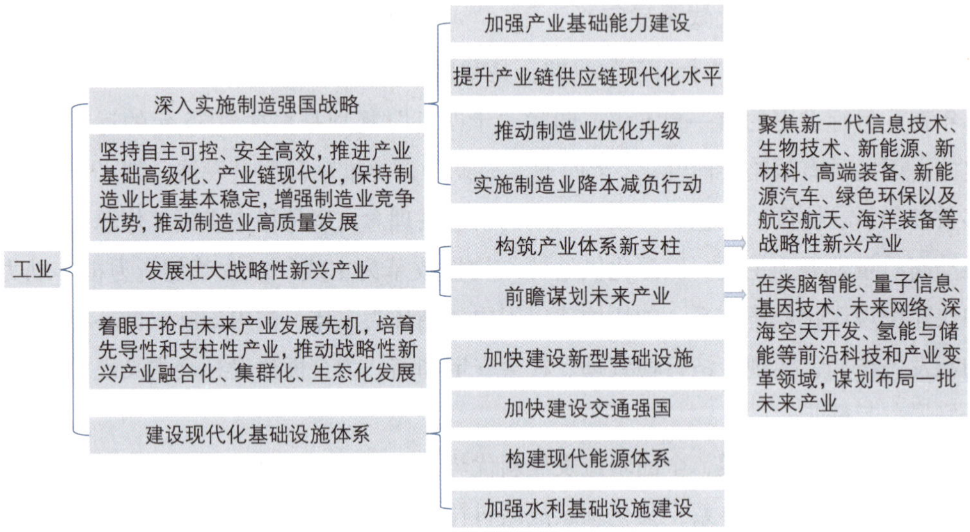

图3-9 “十四五”时期工业建设主要内容

3. 服务业

促进服务业繁荣发展。聚焦产业转型升级和居民消费升级需要，扩大服务业有效供给，提高服务效率和服务品质，构建优质高效、结构优化、竞争力强的服务产业新体系。推动生产性服务业融合化发展，以服务制造业高质量发展为导向，推动生产性服务业向专业化和价值链高端延伸；加快生活性服务业品质化发展。以提升便利度和改善服务体验为导向，推动生活性服务业向高品质和多样化升级。

4. 综合

（1）形成强大国内市场，构建新发展格局。

畅通国内大循环。依托强大国内市场，贯通生产、分配、流通、消费各环节，形成需求牵引供给、供给创造需求的更高水平动态平衡，促进国民经济良性循环。强化流通体系支撑作用，完善促进国内大循环的政策体系；促进国内国际双循环。

（2）加快数字化发展，建设数字中国。加快推进数字产业化，培育壮大人工智能、大数据、区块链、云计算、网络安全等新兴数字产业；推进产业数字化转型；加快数字社会建设步伐；营造良好数字生态。

（3）积极拓展海洋经济发展空间，建设现代海洋产业体系。

（4）发展社会主义先进文化，提升国家文化软实力。健全现代文化产业体系，坚持把社会效益放在首位、社会效益和经济效益相统一，深化文化体制改革，完善文化产业规划和政策，加强文化市场体系建设，扩大优质文化产品供给。

（5）推动绿色发展，促进人与自然和谐共生，大力发展绿色经济。

二、"十四五"时期的产业政策

（一）传统产业的优化升级

1. 推动制造业优化升级

深入实施智能制造和绿色制造工程，发展服务型制造新模式，推动制造业高端化、智能化、绿色化。改造提升传统产业，推动石化、钢铁、有色、建材等原材料产业布局优化和结构调整，扩大轻工、纺织等优质产品供给，加快化工、造纸等重点行业企业改造升级，完善绿色制造体系。深入实施质量提升行动，推动制造业产品增品种、提品质、创品牌。

2. 实施制造业降本减负行动

强化要素保障和高效服务，巩固拓展减税降费成果，降低企业生产经营成本，提升制造业根植性和竞争力。

（二）主导产业的选择

1. 深入实施制造强国战略

实施产业基础再造工程。加快补齐基础零部件及元器件、基础软件、基础材料、基础工艺和产业技术基础等瓶颈短板。依托行业龙头企业，加大重要产品和关键核心技术攻关力度。健全产业基础支撑体系，在重点领域布局一批国家制造业创新中心，完善国家质量基础设施；推进制造业补链、强链，提升产业链、供应链现代化水平。实施应急产品生产能力储备工程；实施领航企业培育工程，培育一批具有生态主导力和核心竞争力的龙头企业；实施产业竞争力调查和评价工程，加强技术经济安全评估。

2. 发展壮大战略性新兴产业

抢占未来产业发展先机，培育先导性和支柱性产业，推动战略性新兴产业融合化、集群化、生态化发展。

（1）构筑产业体系新支柱。聚焦新一代信息技术、生物技术、新能源、新材料、高端装备、新能源汽车、绿色环保以及航空航天、海洋装备等战略性新兴产业，加快关键核心技术创新应用，增强要素保障能力，培育壮大产业发展新动能。

推动生物技术和信息技术融合创新，加快发展生物医药、生物育种、生物材料、生物能源等产业，做大做强生物经济；深化北斗系统推广应用，推动北斗产业高质量发展；深入推进国家战略性新兴产业集群发展工程，健全产业集群组织管理和专业化推进机制，建设创新和公共服务综合体，构建一批各具特色、优势互补、结构合理的战略性新兴产业增长引擎。鼓励技术创新和企业兼并重组，防止低水平重复建设；发挥产业投资基金引导作用，加大融资担保和风险补偿力度。

（2）前瞻谋划未来产业。在类脑智能、量子信息、基因技术、未来网络、深海空天开发、氢能与储能等前沿科技和产业变革领域，组织实施未来产业孵化与加速计划，谋划布局一批未来产业；在科教资源优势突出、产业基础雄厚的地区，布局一批国家未来产业技术研究院，加强前沿技术多路径探索、交叉融合和颠覆性技术供给。实施产业跨界融合示范工程，打造未来技术应用场景，加速形成若干未来产业。

（3）打造数字经济新优势。充分发挥海量数据和丰富应用场景优势，促进数字技术与实体经济深度融合，赋能传统产业转型升级，催生新产业、新业态、新模式，壮大经济发展新引擎。

课堂总结

1. 了解“十四五”时期的产业规划。

2. 了解“十四五”规划的产业政策。

注意：“十四五”规划的很多提法与之前有所不同，尤其是主导产业的选择，特别重视战略性新兴产业和未来产业。2021 年资本市场的表现，充分体现了这些主导产业的股票有强劲的市场表现。这对于选股策略尤为重要。

第 14 课 党的十九大报告的产业政策解读

一、党的十九大报告的新发展理念

（一）规划发展战略

（1）“两个一百年”奋斗目标：到建党一百年时，建成经济更加发展、民主更加健全、科教更加进步、文化更加繁荣、社会更加和谐、人民生活更加殷实的小康社会；到新中国成立一百年时，基本实现现代化，把我国建成社会主义现代化国家。

（2）两阶段发展。综合分析国际国内形势和我国发展条件，从 2020 年到 21 世纪中叶可以分两个阶段来安排。第一个阶段，从 2020 年到 2035 年，在全面建成小康社会的基础上，再奋斗 15 年，基本实现社会主义现代化；第二个阶段，从 2035 年到 21 世纪中叶，在基本实现现代化的基础上，再奋斗 15 年，把我国建成富强、民主、文明、和谐、美丽的社会主义现代化强国。

（二）创新、协调、绿色、开放、共享的发展理念

发展是解决我国一切问题的基础和关键，发展必须是科学发展，必须坚定不移地贯彻创新、协调、绿色、开放、共享的发展理念。推动新型工业化、信息化、城镇化、农业现代化同步发展。

二、产业发展规划

实现“两个一百年”奋斗目标、实现中华民族伟大复兴的中国梦，不断提高人民生活水平。中国经济已由高速增长阶段转向高质量发展阶段，正处在转变发展方式、优化经济结构、转换增长动力的攻关期，建设现代化经济体系是我国发展的战略目标。必须坚持质量第一、效益优先，以供给侧结构性改革为主线，推动经济发展质量变革、效率变革、动力变革，提高全要素生产率，着力加快建设实体经济、科技创新、现代金融、人力资源协同发展的产业体系。

（一）产业规划

（1）深化供给侧结构性改革。建设现代化经济体系，必须把发展经济的着力点放在实体经济上，把提高供给体系质量作为主攻方向，显著增强我国经济质量优势。

加快建设制造强国，加快发展先进制造业，推动互联网、大数据、人工智能和实体经济深度融合，在中高端消费、创新引领、绿色低碳、共享经济、现代供应链、人力资本服务等领域培育新增长点。支持传统产业优化升级，加快发展现代服务业，瞄准国际标准提高水平。促进我国产业迈向全球价值链中高端，培育若干世界级先进制造业集群。

加强水利、铁路、公路、水运、航空、管道、电网、信息、物流等基础设施网络建设。

坚持“三去一降一补”，优化存量资源配置，扩大优质增量供给，实现供需动态平衡。

（2）加快建设创新型国家。创新是引领发展的第一动力，是建设现代化经济体系的战略支撑。

要瞄准世界科技前沿，强化基础研究，实现前瞻性基础研究、引领性原创成果重大突破。加强应用基础研究，拓展实施国家重大科技项目，突出关键共性技术、前沿引领技术、现代工程技术、颠覆性技术创新，为建设科技强国、质量强国、航天强国、网络强国、交通强国、数字中国、智慧社会提供有力支撑。

（3）实施乡村振兴战略。“三农”问题是关系国计民生的根本性问题，必须始终把解决好“三农”问题作为全党工作重中之重。要坚持农业农村优先发展，按照产业兴旺、生态宜居、乡风文明、治理有效、生活富裕的总要求，建立健全城乡融合发展体制机制和政策体系，加快推进农业农村现代化。

确保国家粮食安全，把中国人的饭碗牢牢端在自己手中。构建现代农业产业体系、生产体系、经营体系。促进农村一二三产业融合发展，支持和鼓励农民就业创业，拓宽增收渠道。

（4）推动文化事业和文化产业发展。健全现代文化产业体系和市场体系，创新生产经营机制，完善文化经济政策，培育新型文化业态。

（5）推进绿色发展。建立健全绿色低碳循环发展的经济体系。构建市场导向的绿色技术创新体系，发展绿色金融，壮大节能环保产业、清洁生产产业、清洁能源产业。

（6）着力解决突出环境问题，加大生态系统保护力度。实施重要生态系统保护和修复重大工程，优化生态安全屏障体系。

（二）总结

未来产业的发展，特别确定：

（1）加快建设制造强国，加快发展先进制造业；

（2）实施乡村振兴战略，加快推进农业农村现代化；

（3）推进绿色发展，加大生态系统保护力度。

课堂总结

1. 了解发展战略。
2. 了解产业发展规划。

第四章

中国制造产业政策分析

第 15 课　制造业的发展及其影响

一、制造业及其发展历程

（一）制造业的内涵

制造业，是指机械工业时代将某种资源（物料、能源、设备、工具、资金、技术、信息和人力等），按照市场要求，通过制造过程，转化为可供人们使用和利用的大型工具、工业品与生活消费品的行业。制造业直接体现了一个国家的生产力水平，是区别发展中国家和发达国家的重要因素。制造业在世界发达国家的国民经济中占有重要份额。

（二）制造业的分类

制造业涉及很多行业，中国制造业分为三类：

（1）轻纺工业，包括食品、饮料、烟草加工、服装、纺织、皮革、木材加工、家具、印刷等；

（2）资源加工业，包括石油化工、化学纤维、医药制造业、橡胶、塑料、黑色金属等；

（3）机械、电子制造业，包括机床、专用设备、交通运输工具、机械设备、电子通信设备、仪器等。

（三）制造业的发展历程

制造业的发展，也是工业革命的发展，其一般发展历程如图 4-1 所示。

基于工业发展的不同阶段的特征，将工业发展分为 4 个阶段。按照目前的共识，工业 1.0 是蒸汽机时代；工业 2.0 是电气化时代；工业 3.0 是信息化时代；工业 4.0 是利用信息化技术促进产业变革的时代，也就是智能化时代。

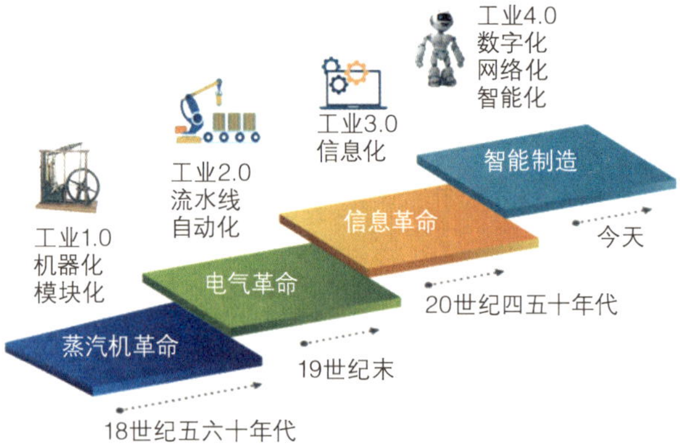

图 4-1　工业发展历程

二、世界制造业的发展

制造业是一个国家综合国力最重要的体现。随着经济危机及第四次科技革命的到来，世界大国纷纷将制造业摆在至关重要的位置，无论是德国的工业 4.0、日本的工业价值链，还是美国的国家制造创新网络、中国的“中国制造 2025”，都是大力发展制造业的战略选择。

当今世界上的制造业强国有美国、德国、日本等，它们处于后工业化阶段（按照工业化发展速度，人类社会可分为前工业化时期、工业化时期和后工业化时期 3 个时期。发达国家的后工业化时期一般从 20 世纪 40 年代开始。后工业化时期城市化进程加快，使得后工业化城市市区人口和企业大量向郊区迁移，产生郊区化和逆城市化现象。这是由于现代社会信息技术的发展带动了第三产业的发展，整个产业结构发生了变化，后工业社会的经济主要是服务性经济），处于制造业产业链的顶端。它们制造的主要是高附加值、高科技含量产品。美国拥有绝对的技术优势，处于全球制造业第一阵营，日本、德国、中国、英国、法国处于第二阵营。虽然我国制造业总体大而不强，但是在某些领域可以和美国、德国、日本这些制造业强国掰掰手腕。

（一）德国的制造业

德国属于老牌制造强国，在全世界都非常有知名度，其工业产品受到世界的欢迎。其原因主要有以下两个。一是德国制造业的发展比较早，并且受到政府的高度重视。德国制造业的领先地位早在二战时期就奠定了。此前，刚完成工业革命的德国虽然和英法相比成绩平平，但国家金融更重视对工业的投资，国家政策高瞻远瞩地放在了重工业和基础设施上，这使得德国制造业有良好的发展条件。在二战时期，德国作为战争的发动国，没有英、法那么多的盟友，也缺乏苏联庞大的国土和兵源，所以不得不充分重视材料和机械技术的发展。二战后，德国凭借技术优势迅速恢复经济并重新成为欧洲工业的“领头羊”之一。二是德国在制造业方面做得非常精细到位，比较看重质量和口碑，所以德国的制造业才会这么强。德国制造的优势不在于价格，而在于质量、解决问题的专有技术和优秀的售后服务。德国工业品在与英、法工业品的激烈竞争中，质量不断提升，并在以电气化为代表的第二次工业革命中，取代英、法成为这场新工业革命的“领头羊”。德国制造成为质量的代名词。

德国人在一切领域中奉行的原则是：要么最好，要么没有！他们认为，靠检查提高产品质量并不是最好的途径，因为检查不会改变产品质量，只有搞好设计和制造两大环节，产品质量才能得到保证。质量是掌握在职工手中的，质量的好坏关键在于设计水平和制造工艺，也就是说，产品制造本身的质量才是产品质量的根本要素。德国人的这种质量意识，体现在产品与服务上就是质量永恒，体现在技术上就是技术至上，体现在人才上就是专业技术人员的高标准。这些都使德国制造在全球市场上享有顶尖声誉。

德国制造的核心竞争力主要依托于生产设备体系。德国制造举世闻名，德国人更以严谨著称。总之，德国制造业旨在通过不断发现问题，及时分析问题，最终将可能发生的问题扼杀在摇篮里，尽可能地避免一切人为因素造成的质量不佳。但这也造成了德国制造一个非常明显的缺陷——设备产生问题较少，这就导致德国制造业没有数据积累。德国人不得不思考一种更聪明的方式——从单纯卖产品到卖整套方案或服务（将知识以软件或工具包的形式提供给客户），实现可持续的盈利能力，这也是工业4.0计划的背景。

（二）日本的制造业

日本和德国都是世界制造业强国，但日本是一个后来居上的发达工业国家。日本的现代制造业起步于19世纪下半叶明治维新运动，直到20世纪上半叶日本才基本完成工业化。目前的日本和德国都处于全球制造业的第一梯队，具有制造业产值高、技术先进等特征。二战以前，日本的钢铁、机械、兵器、汽车、飞机等产业已具备一定实力，为制造业发展奠定了基础。二战以后，日本制造业快速崛起，促成日本经济增长奇迹；之后的石油危机推动日本制造业从资源消耗型重化工业向低能耗技术密集型产业转变；21世纪以后，日本着力构筑制造业竞争新优势，如进一步完善规制体制、提高信息化程度、培育创新型和技能型人才等。日本政府积极推动企业加快调整，制造业数字化、智能化转型将迎来大发展时代。日本制造业强大的原因主要有以下五点：一是重视教育和培养专业化人才，为日本制造业铸造了发达的根基；二是注重技术进步与高质量产品，成就日本制造业强大的核心要素；三是政府给予企业以导向和政策支持，并着力打造良好的制度环境；四是企业注重现场实践以及构建稳定的合作关系；五是企业国际化运营弥补了国内资源与市场的先天不足。

日本制造主要由人来完成。日本企业认为，员工是最重要的价值，因此他们对人的重视非同一般，非常重视人的作用及人的经验在企业内部的传承，所以才有了雇员终身制文化。日本制造业企业解决问题的常规思路是：发生问题—人员迅速到现场、确认现物、探究现实（三现）—解决问题—分析原因—通过改善来避免问题。因此，在20世纪90年代以后，日本选择了精益制造作为其转型方向。当然，日本这种重视人的思维也有弊端，如人的判断力和评判标准不及机器准确客观，人才流失或者后备人才补充不足容易造成断层式的技术流失。

（三）美国制造业

与德国主要依靠设备、日本主要依靠人不同，美国在制造业方面具有自己的特点——主要依靠数据，或者说主要由数据来完成。美国十分重视数据积累、数据分析、用数据解决问题，并在此基础上进行颠覆式创新。早在21世纪初，美国就提出了“产品全生命周期管理”（Product Lifecycle Management，PLM）的概念，旨在对所有与产品相关的数据在整个生命周期内进行管理。大多数美国企业高度依赖统计数据的六西格玛体系。统计数据是六西格玛体系管理的重要工具，所有的生产表现、执行能力等，都可以量化为详细的数据，结果清楚明了。决策者寻找问题、掌握情况、类比分析、做出决策等，也都以统计资料与财务数据为依据。

（四）中国制造业

作为实体经济的代表，制造业是国家创新力的重要载体，也是走向经济强国的基础力量。按照《中国制造2025》的描述，制造业是国民经济的主体，是立国之本、兴国之器、强国之基。世界强国的兴衰史和中华民族的奋斗史一再证明，没有强大的制造业，就没有国家和民族的强盛。打造具有国际竞争力的制造业，是我国提升综合国力、保障国家安全、建设世界强国的必由之路。

新中国成立以来，尤其是改革开放以来，我国制造业持续快速发展，建成了门类齐全、独立完整的产业体系，有力推动了工业化和现代化进程，显著增强综合国力，支撑世界大国地位。然而，与世界先进水平相比，中国制造业仍然大而不强，在自主创新能力、资源利用效率、产业结构水平、信息化程度、质量效益等方面与世界最先进水平差距明显，转型升级和跨越发展的任务紧迫而艰巨。党的十八大以来，我国坚持走中国特色新型工业化道路，以促进制造业创新发展为主题，以提质增效为中心，以加快新一代信息技术与制造业深度融合为主线，以推进智能制造为主攻方向，以满足经济社会发展和国防建设对重大技术装备的需求为目标，强化工业基础能力，提高综合集成水平，完善多层次多类型人才培养体系，促进产业转型升级，培育有中国特色的制造文化，实现制造业由大变强的历史跨越。

三、制造业发展的影响

无农不稳，无工不强，无商不富。由于农业受制于相对有限的产出，在三个产业中，工业是真正具有强大“造血”功能的产业，对经济的持续繁荣和社会稳定有着非同寻常的意义。

（一）列强崛起，皆因强大之工业

（1）英国因工业革命成就了日不落帝国的辉煌。

（2）德国因强大的工业实力具备挑战旧有国际秩序的能力。

（3）美国、苏联以强大的工业实力奠定了战后国际新秩序 。

（二）西方式微，皆因失去强大之工业

（1）没有强大的工业就没有国际地位。

（2）没有强大的工业就没有经济的持续繁荣。

（3）西方衰弱在于“去工业化”。

（三）以史为鉴，坚定发展强大工业不动摇

实体经济是我国经济发展、在国际经济竞争中赢得主动权的根基。这为我国经济持续健康发展、不断增强国际竞争力指明了方向和路径。应当看到，制造业是实体经济的主体，振兴实体经济必须做大、做强制造业。我国已经步入工业化后期，正处于经济结构转型升级的关键时期。新工业革命催生了大量新技术、新产业、新业态和新模式，为我国产业从中低端走向中高端奠定了技术经济基础、明确了发展方向，为我国科学制定产业发展战略、加快经济转型升级、掌握发展主动权提供了重要机遇。

课堂总结

1. 了解制造业的发展历程。
2. 了解制造业发展的重要性。

第16课 中国制造强国的目标及规划

一、《中国制造2025》的提出

（一）发展形势和环境

1. 全球制造业格局面临重大调整

新一代信息技术与制造业的深度融合，正在引发影响深远的产业变革，形成新的生产方式、产业形态、商业模式和经济增长点。国际金融危机发生后，发达国家纷纷实施再工业化战略，以重塑制造业竞争新优势，加速推进新一轮全球贸易投资新格局。全球产业竞争格局正在发生重大调整，我国在新一轮发展中面临巨大挑战。我国制造业面临发达国家和其他发展中国家“双向挤压”的严峻挑战，必须放眼全球，加紧战略部署，着眼建设制造强国，固本培元，化挑战为机遇，抢占制造业新一轮竞争制高点。

2. 我国经济发展环境发生重大变化

随着新型工业化、信息化、城镇化、农业现代化同步推进，超大规模内需潜力不断释放，为我国制造业发展提供了广阔空间。我国经济发展进入新常态，制造业发展面临新挑战，主要依靠资源要素投入、规模扩张的粗放发展模式难以为继。要形成经济增长新动力，塑造国际竞争新优势，重点在制造业，难点在制造业，出路也在制造业。

3. 建设制造强国任务艰巨而紧迫

经过几十年的快速发展，我国制造业规模跃居世界第一，成为支撑我国经济社会发展的重要基石。持续的技术创新，大大提高了我国制造业的综合竞争力，我国已具备了建设工业强国的基础和条件。但我国仍处于工业化进程中，大而不强的问题依然突出，未来的任务依然艰巨而紧迫。

（二）制造业存在的问题

（1）自主创新能力弱，关键核心技术与高端装备对外依存度高，以企业为主体的制造业创新体系不完善。关键核心技术受制于人的局面仍然没有得到根本改变，大量的关键零部件、系统软件和高端装备基本依赖进口。我国制造企业开展技术创新的动力不足、活动不够活跃，尚未真正成为技术创新的主体。我国基础研究投入不足，是缺乏重大突破性、颠覆性创新的重要原因之一。据统计，2014 年，我国科技投入达到了 GDP 的 2%，但基础研究投入比例不足 5%，仅仅是发达国家比例的 1/4。要完善以企业为主体、以市场为导向、政产学研用相结合的制造业创新体系，加强关键核心技术攻关，加速科技成果产业化，提高重点领域和关键环节的创新能力，推动我国制造业发展动力向创新驱动转变。

（2）产品档次不高，缺乏世界知名品牌和跨国企业。我国制造业竞争力不强，缺乏世界知名品牌，领军企业发展不足。第一，我国产品质量和技术标准整体水平不高。第二，我国企业在品牌设计、品牌建设和品牌维护等方面投入严重不足，品牌化发展滞后。2014 年，在世界品牌 500 强中，我国内地仅有 29 个品牌入选，远低于美国、法国和日本。第三，标准体系整体水平不高。据统计，我国主导制定的国际标准占比不到 0.5%，标准更新速度缓慢。第四，我国行业领军企业发展水平与我国的制造业大国地位很不相称。要鼓励企业追求卓越品质，形成具有自主知识产权的名牌产品，不断提升企业品牌价值和“中国制造”整体形象，推动中国产品向“中国质量”转变。

（3）资源能源利用效率低，环境污染问题较为突出。我国以重化工业为主的工业结构导致资源能源需求强劲，环境污染问题日益突出。而且，一些地方和企业单纯依靠大规模要素投入获取经济增长速度和经济效益，造成能源资源利用率偏低和环境污染严重。要大力研发应用先进节能环保技术、工艺和装备，加快制造业绿色改造升级，提高制造业资源利用效率，建成高效、清洁、低碳、循环的绿色制造体系，推进资源利用方式向绿色低碳转变。

（4）产业结构不合理，高端装备制造业和生产性服务业发展滞后。长期以来，我国制造业发展主要依靠要素低成本优势，通过引进技术和管理迅速形成生产力来实现规模扩张，依靠投资进行拉动，传统产业产能过剩矛盾突出，工业发展缺乏统筹协调，区域产业发展同质化问题严重。在产业结构方面，我国制造业中资源密集型产业比重过大，技术密集型产业偏低，钢铁、电解铝、平板玻璃、水泥等供给能力大幅超出需求，光伏、风电等新兴产业也开始出现产能利用不足。要推进传统产业向中高端迈进，优化制造业布局，逐步化解产能过剩，加快制造与服务的协同发展，推动我国制造业产业结构向高端化、服务化方向转变。

（5）信息化水平不高，与工业化融合深度不够。两化（工业化和信息化）深度融合是建设制造强国、走新型工业化道路和转变发展方式的重要动力，是打造工业竞争新优势和向工业化迈进的过程中抢占先机的重要条件。不过，我国的信息化水平仍然不高，两化融合仍有巨大潜力可挖。信息基础设施建设和应用水平仍有待提高。要加快推动新一代信息技术与制造技术融合发展，把智能制造作为两化深度融合的主攻方向，全面提升企业研发、生产、管理和服务的智能化水平，推动我国制造模式从“中国制造”向“中国智造”转变。

（6）产业国际化程度不高，全球化经营能力不足。提高产业国际化程度、鼓励企业“走出去”是我国制造业发展国际化战略的重要组成部分，是全面建设制造强国，实现“一带一路”建设的重要路径。要实施更加积极的开放战略，不断拓展新的开放领域和空间，推动重点产业国际化布局，引导企业提高国际竞争能力，推动我国制造业国际地位进一步跃升。

总体上看，建设制造强国的任务艰巨而紧迫，必须积极创造有利条件，着力解决突出矛盾和问题，促进工业结构整体优化升级，加快实现我国制造业由大变强的转变。

（三）提出《中国制造 2025》

《中国制造 2025》是中国制造业未来的战略规划，通过努力实现中国制造向中国创造、中国速度向中国质量、中国产品向中国品牌三大转变，推动中国到 2025 年基本实现工业化，迈入制造强国行列。

（1）2015 年 3 月 5 日，李克强在全国两会上做《政府工作报告》时首次提出“中国制造 2025”的宏大计划。

（2）2015 年 3 月 25 日，李克强组织召开国务院常务会议，审议通过并部署加快推进实施《中国制造 2025》。

（3）2015 年 5 月 8 日，国务院正式印发《中国制造 2025》。

二、中国制造强国的目标

立足国情，立足现实，力争通过“三步走”实现制造强国的战略目标。

第一步，到 2025 年迈入制造强国行列。

到 2020 年，中国已基本实现工业化，制造业大国地位进一步巩固，制造业信息化水平大幅提升。中国掌握了一批重点领域关键核心技术，优势领域竞争力进一步增强，产品质量有较大提高。制造业数字化、网络化、智能化取得明显进展。重点行业单位工业增加值能耗、物耗及污染物排放明显下降。到 2025 年，中国的制造业整体素质将大幅提升，创新能力显著增强，全员劳动生产率明显提高，两化融合迈上新台阶；重点行业单位工业增加值能耗、物耗及污染物排放达到世界先进水平；形成一批具有较强国际竞争力的跨国公司和产业集群，在全球产业分工和价值链中的地位明显提升。

第二步，到2035年我国制造业整体达到世界制造强国阵营中等水平。

到2035年，我国制造业创新能力将大幅提升，重点领域发展取得重大突破，整体竞争力明显增强，优势行业形成全球创新引领能力，全面实现工业化。

第三步，到新中国成立一百年时，我国制造业大国地位更加巩固，综合实力进入世界制造强国前列，制造业主要领域具有创新引领能力和明显竞争优势，建成全球领先的技术体系和产业体系。

三、实现制造强国目标的整体规划

《中国制造2025》可以概括为“一二三四五五九十”的总体结构。

“一”，就是从制造业大国向制造业强国转变，最终实现制造业强国的一个目标。

“二”，就是通过两化融合发展来实现这一目标。党的十八大提出了用信息化和工业化两化深度融合来引领和带动整个制造业的发展，这也是我国制造业所要占据的一个制高点。

“三”，就是通过“三步走”战略来实现我国从制造业大国向制造业强国转变的目标，每一步大概花费10年。

“四”，就是确定了四项原则。第一项原则是市场主导、政府引导。第二项原则是既立足当前，又着眼长远。第三项原则是全面推进、重点突破。第四项原则是自主发展、合作共赢。

“五五”，就是有两个“五”。一个“五”是有五条方针，即创新驱动、质量为先、绿色发展、结构优化和人才为本；另一个“五”是实行五大工程，包括制造业创新中心建设的工程、强化基础的工程、智能制造工程、绿色制造工程和高端装备创新工程。

“九”，是指九项战略任务和重点。

“十”，就是十大重点产业领域，包括新一代信息技术产业、高档数控机床和机器人、航空航天装备、海洋工程装备及高技术船舶、先进轨道交通装备、节能与新能源汽车、电力装备、农机装备、新材料、生物医药及高性能医疗器械等。

四、实现制造强国目标的战略任务

《中国制造2025》规划围绕实现制造强国的战略目标，明确九项战略任务和重点：

一是提高国家制造业创新能力；

二是推进信息化与工业化深度融合；
三是强化工业基础能力；
四是加强质量品牌建设；
五是全面推行绿色制造；
六是大力推动重点领域突破发展；
七是深入推进制造业结构调整；
八是积极发展服务型制造业和生产型服务业；
九是提高制造业国际化发展水平。

课堂总结

1. 了解中国制造强国的战略目标。
2. 了解中国制造强国的战略规划。
3. 了解中国制造强国涉及的产业领域。
4. 了解中国制造强国的战略任务。

第 17 课 制造业结构调整

一、制造业结构调整的总体要求

《中国制造 2025》对深入推进制造业结构调整提出了要求：推动传统产业向中高端迈进，逐步化解过剩产能，促进大企业与中小企业协调发展，进一步优化制造业布局。

（1）传统产业向中高端迈进。加快推动传统产业高端化、智能化、绿色化是支撑我国高质量发展，提高经济竞争实力的重要途径。要坚持创新驱动发展，加快构建现代化产业体系，通过技术、模式创新推动传统产业转型升级、迈向中高端。一是对传统产业进行全面技术改造。重点围绕汽车、钢铁、冶金、食品、纺织服装等传统产业领域，以工艺、装备、产品和管理创新为重点，通过技术改造，提升企业技术水平和产品质量，加快创建知名品牌。二是推动传统优势产业技术创新。瞄准制约传统产业升级的重大关键技术，通过建设公共创新平台和加大新技术成果的推广应用，培育一批掌握核心技术、引领产业发展的领军企业，提升传统优势产业的领先地位和先进水平。三是借鉴国内外先进经验，通过创建新业态、新模式，推动传统产业向高端化转型。四是促进传统产业链向现代化转型，在有条件的地区大力发展高端产业集群，以产业集群创新实现传统产业转型升级。

（2）逐步化解过剩产能。

（3）大企业与中小企业协调发展。

（4）优化制造业布局。

二、制造业结构调整的措施

（一）持续推进企业技术改造

（1）明确支持战略性重大项目和高端装备实施技术改造的政策方向，稳定中央技术改造引导资金规模，通过贴息等方式，建立支持企业技术改造的长效机制。

（2）推动技术改造相关立法，强化激励约束机制，完善促进企业技术改造的政策体系。

（3）支持重点行业、高端产品、关键环节进行技术改造，引导企业采用先进适用技术，优化产品结构，全面提升设计、制造、工艺、管理水平，促进钢铁、石化、工程机械、轻工、纺织等产业向价值链高端发展。

（4）研究制定重点产业技术改造投资指南和重点项目导向计划，吸引社会资金参与，优化工业投资结构。

（5）围绕两化融合、节能降耗、质量提升、安全生产等传统领域改造，推广应用新技术、新工艺、新装备、新材料，提高企业生产技术水平和效益。

（二）稳步化解产能过剩矛盾

加强和改善宏观调控，按照“消化一批、转移一批、整合一批、淘汰一批”的原则，分业分类施策，有效化解产能过剩矛盾。

（1）加强行业规范和准入管理，推动企业提升技术装备水平，优化存量产能。

（2）加强对产能严重过剩行业的动态监测分析，建立完善预警机制，引导企业主动退出过剩行业。

（3）切实发挥市场机制作用，综合运用法律、经济、技术及必要的行政手段，加快淘汰落后产能。

（三）促进大中小企业协调发展

（1）强化企业市场主体地位，支持企业间战略合作和跨行业、跨区域兼并重组，提高规模化、集约化经营水平，培育一批核心竞争力强的企业集团。

（2）激发中小企业创业创新活力，发展一批主营业务突出、竞争力强、成长性好、专注于细分市场的专业化“小巨人”企业。

（3）发挥中外中小企业合作园区示范作用，利用双边、多边中小企业合作机制，支持中小企业“走出去”和“引进来”。

（4）引导大企业与中小企业通过专业分工、服务外包、订单生产等多种方式，建立协同创新、合作共赢的协作关系。

（5）推动建设一批高水平的中小企业集群。

（四）优化制造业发展布局

落实国家区域发展总体战略和主体功能区规划，综合考虑资源能源、环境容量、市场空间等因素，制定和实施重点行业布局规划，调整优化重大生产力布局。

（1）完善产业转移指导目录，建设国家产业转移信息服务平台，创建一批承接产业转移示范园区，引导产业合理有序转移，推动东中西部制造业协调发展。

（2）积极推动京津冀和长江经济带产业协同发展。按照新型工业化的要求，改造提升现有制造业集聚区，推动产业集聚向产业集群转型升级。

（3）建设一批特色和优势突出、产业链协同高效、核心竞争力强、公共服务体系健全的新型工业化示范基地。

课堂总结

1. 了解制造业结构调整的总体要求。
2. 了解制造业结构调整的举措。

第 18 课 强化工业基础能力

一、强化工业基础能力的总体要求

（一）工业基础能力薄弱的主要原因

核心基础零部件（元器件）、先进基础工艺、关键基础材料和产业技术基础（以下简称“四基”）等工业基础能力薄弱，是制约我国制造业创新发展和质量提升的症结所在。

（二）强化工业基础能力的要求

要坚持问题导向、产需结合、协同创新、重点突破的原则，着力破解制约重点产业发展的瓶颈。

二、强化工业基础能力的措施

（一）统筹推进“四基”发展

（1）制定工业强基实施方案，明确重点方向、主要目标和实施路径。

（2）制定工业“四基”发展指导目录，发布工业强基发展报告，组织实施工业强基工程。

（3）统筹军民两方面资源，开展军民两用技术联合攻关，支持军民技术相互有效利用，促进基础领域融合发展。

（4）强化基础领域标准、计量体系建设，加快实施对标达标，提升基础产品的质量、可靠性和寿命。

（5）建立多部门协调推进机制，引导各类要素向基础领域集聚。

（二）加强“四基”创新能力建设

（1）强化前瞻性基础研究，着力解决影响核心基础零部件（元器件）产品性能和稳定性的关键共性技术。

（2）建立基础工艺创新体系，利用现有资源建立关键共性基础工艺研究机构，开展先进成型、加工等关键制造工艺联合攻关；支持企业开展工艺创新，培养工艺专业人才。

（3）加大基础专用材料研发力度，提高专用材料自给保障能力和制备技术水平。

（4）建立国家工业基础数据库，加强企业试验检测数据与计量数据的采集、管理、应用和积累。

（5）加大对“四基”领域技术研发的支持力度，引导产业投资基金和创业投资基金投向“四基”领域重点项目。

（三）推动整机企业和“四基”企业协同发展

（1）注重需求侧激励，产用结合，协同攻关。依托国家科技计划（专项、基金等）和相关工程等，在数控机床、轨道交通装备、航空航天、发电设备等重点领域，引导整机企业和“四基”企业、高校、科研院所产需对接，建立产业联盟，形成协同创新、产用结合、以市场促基础产业发展的新模式，提升重大装备自主可控水平。

（2）开展工业强基示范应用，建立奖励和风险补偿机制，完善首台（套）、首批次政策，支持核心基础零部件（元器件）、先进基础工艺、关键基础材料推广应用。

（四）实施工业强基工程

（1）组织重点突破，针对重大工程和重点装备的关键技术与产品急需，支持优势企业开展政产学研用联合攻关，突破关键基础材料、核心基础零部件（元器件）的工程化、产业化瓶颈。

（2）强化平台支撑，布局和组建一批“四基”研究中心，创建一批公共服务平台，完善重点产业技术基础体系。

到2020年，40%的核心基础零部件（元器件）、关键基础材料实现自主保障，受制于人的局面逐步缓解，航天装备、通信装备、发电与输变电设备、工程机械、轨道交通装备、家用电器等产业急需的核心基础零部件（元器件）和关键基础材料的先进制造工艺得到推广应用。

到2025年，70%的核心基础零部件、关键基础材料实现自主保障，80种标志性先进工艺得到推广应用，部分达到国际领先水平，建成较为完善的产业技术基础服务体系，逐步形成整机牵引和基础支撑协调互动的产业创新发展格局。

课堂总结

1. 了解强化工业基础能力的总体要求。
2. 了解强化工业基础能力的措施。

第19课 加强质量品牌建设

一、加强质量品牌建设的总体要求

（一）质量品牌建设的意义

品牌是一个国家竞争力和国际地位的核心体现，更是企业的生命与灵魂。发挥品牌引领作用，推动供给结构和需求结构升级，是深入贯彻落实创新、协调、绿色、开放、共享新发展理念的必然要求，是今后一段时期加快经济发展方式由外延扩张型向内涵集约型转变、由规模速度型向质量效率型转变的重要举措。党的十九大报告指出，我国经济已由高速增长阶段转向高质量发展阶段，正处在转变发展方式、优化经济结构、转换增长动力的攻关期，建设现代化经济体系是跨越关口的迫切要求和我国发展的战略目标。必须坚持质量第一、效益优先，以供给侧结构性改革为主线，推动经济发展质量变革、效率变革、动力变革，提高全要素生产率。

（二）总体要求

（1）提升质量控制技术，完善质量管理机制，夯实质量发展基础，优化质量发展环境，努力实现制造业质量大幅提升。

（2）鼓励企业追求卓越品质，形成具有自主知识产权的名牌产品，不断提升企业品牌价值和中国制造整体形象。

二、加强质量品牌建设的措施

（一）推广先进质量管理技术和方法

（1）建设重点产品标准符合性认定平台，推动重点产品技术、安全标准全面达到国际先进水平。

（2）开展质量标杆和领先企业示范活动，普及卓越绩效、六西格玛、精益生产、质量诊断、质量持续改进等先进生产管理模式和方法。

（3）支持企业提高质量在线监测、在线控制和产品全生命周期质量追溯能力。

（4）组织开展重点行业工艺优化行动，提升关键工艺过程控制水平。

（5）开展质量管理小组、现场改进等群众性质量管理活动示范推广。

（6）加强中小企业质量管理，开展质量安全培训、诊断和辅导活动。

（二）加快提升产品质量

（1）实施工业产品质量提升行动计划。针对汽车、高档数控机床、轨道交通装备、大型成套技术装备、工程机械、特种设备、关键原材料、基础零部件、电子元器件等重点行业，组织攻克一批长期困扰产品质量提升的关键共性质量技术，加强可靠性设计、试验与验证技术开发应用，使重点实物产品的性能稳定性、质量可靠性、环境适应性、使用寿命等指标达到国际同类产品先进水平。

（2）在食品、药品、婴童用品、家电等领域实施覆盖产品全生命周期质量管理、质量自我声明和质量追溯制度，保障重点消费品质量安全。

（3）大力提高国防装备质量可靠性，增强国防装备实战能力。

（三）完善质量监管体系

（1）健全产品质量标准体系、政策规划体系和质量管理法律法规。

（2）加强关系民生和安全等重点领域的行业准入与市场退出管理。

（3）建立消费品生产经营企业产品事故强制报告制度，健全质量信用信息收集和发布制度，强化企业质量主体责任。

（4）将质量违法违规记录作为企业诚信评级的重要内容，建立质量黑名单制度，加大对质量违法和假冒品牌行为的打击和惩处力度。

（5）建立区域和行业质量安全预警制度，防范化解产品质量安全风险。

（6）严格实施产品“三包”、产品召回等制度。

（7）强化监管检查和责任追究，切实保护消费者权益。

（四）夯实质量发展基础

（1）制定和实施与国际先进水平接轨的制造业质量、安全、卫生、环保及节能标准。

（2）加强计量科技基础及前沿技术研究，建立制造业发展急需的高准确度、高稳定性计量基准和标准，提升与制造业相关的国家量传溯源能力。

（3）加强国家产业计量测试中心建设，构建国家计量科技创新体系。

（4）完善检验检测技术保障体系，建设一批高水平的工业产品质量控制和技术评价实验室、产品质量监督检验中心，鼓励建立专业检测技术联盟。

（5）完善认证认可管理模式，提高强制性产品认证的有效性，推动自愿性产品认证的健康发展，提升质量管理体系认证水平，推进国际互认。

（6）支持行业组织发布自律规范或公约，开展质量信誉承诺活动。

（五）推进制造业品牌建设

（1）引导企业制定品牌管理体系，围绕研发创新、生产制造、质量管理和营销服务全过程，提升内在素质，夯实品牌发展基础。

（2）扶持一批品牌培育和运营专业服务机构，开展品牌管理咨询、市场推广等服务。健全集体商标、证明商标注册管理制度。

（3）打造一批特色鲜明、竞争力强、市场信誉好的产业集群区域品牌。

（4）建设品牌文化，引导企业增强以质量和信誉为核心的品牌意识，树立品牌消费理念，提升品牌附加值和软实力。

（5）加速我国品牌价值评价国际化进程，充分发挥各类媒体作用，加大中国品牌宣传推广力度，树立中国制造品牌良好形象。

中国经济转型的核心其实就是“三个转变”，即由中国制造向中国创造转变、由中国速度向中国质量转变、由中国产品向中国品牌转变。当我们的品牌影响力更大时，我们就会在国际上更受尊重，这就是我们的机遇，但同时也面临着诸多挑战。

课堂总结

1. 了解质量品牌建设的重要性。
2. 了解加强质量建设的总体要求。
3. 了解加强质量品牌建设的措施。

第20课 提高国家制造创新能力

一、提高国家制造创新能力的重要性

2016年，工业和信息化部印发《关于完善制造业创新体系，推进制造业创新中心建设的指导意见》，阐述了提高制造创新能力的重要意义。

创新是制造业发展的原动力和主引擎。当前，我国产业创新能力不强，关键核心技术受制于人、产业共性技术供给不足、创新成果产业化不畅的问题依然存在，现有的制造业创新体系已难以适应经济社会发展需要，亟须在发挥已有各类创新载体作用的基础上，围绕产业链部署创新链，围绕创新链完善资金链，瞄准制造业发展薄弱环节，打造高水平有特色的国家制造业创新平台和网络，形成以制造业创新中心为核心节点的制造业创新体系，推动我国制造业向价值链中高端跃升，为制造强国建设提供有力支撑。

制造业是实现工业化和现代化的主导力量，也是国家综合实力和国际竞争力的体现。推动经济高质量发展，制造业是关键和重点所在。在这一过程中，制造业要以创新驱动发展为根本路径，通过激发微观主体创新活力、更好发挥政府作用、推进数字化转型、扩大对外开放等，不断提升供给体系质量效益，实现从中国制造向中国创造转变、从制造业大国向制造业强国转变。

二、提高国家制造创新能力的总体要求

完善以企业为主体、以市场为导向、政产学研用相结合的制造业创新体系。围绕产业链部署创新链，围绕创新链配置资源链，加强关键核心技术攻关，加速科技成果产业化，提高重点领域和关键环节的创新能力。

三、提高国家制造创新能力的措施

（一）加强关键核心技术研发

（1）强化企业技术创新主体地位，支持企业提升创新能力，推进国家技术创新

示范企业和企业技术中心建设，充分吸纳企业参与国家科技计划的决策和实施。

（2）瞄准国家重大战略需求和未来产业发展制高点，定期研究制定发布制造业重点领域技术创新路线图。

（3）继续抓紧实施国家科技重大专项，通过国家科技计划（专项、基金等）支持关键核心技术研发。

（4）发挥行业骨干企业的主导作用和高等院校、科研院所的基础作用，建立一批产业创新联盟，开展政产学研用协同创新，攻克一批对产业竞争力整体提升具有全局性影响、带动性强的关键共性技术，加快成果转化。

（二）提高创新设计能力

（1）在传统制造业、战略性新兴产业、现代服务业等重点领域开展创新设计示范，全面推广应用以绿色、智能、协同为特征的先进设计技术。

（2）加强设计领域共性关键技术研发，攻克信息化设计、过程集成设计、复杂过程和系统设计等共性技术，开发一批具有自主知识产权的关键设计工具软件，建设完善创新设计生态系统。

（3）建设若干具有世界影响力的创新设计集群，培育一批专业化、开放型的工业设计企业，鼓励代工企业建立研究设计中心，向代设计和出口自主品牌产品转变。

（4）发展各类创新设计教育，设立国家工业设计奖，激发全社会创新设计的积极性和主动性。

（三）推进科技成果产业化

（1）完善科技成果转化运行机制，研究制定促进科技成果转化和产业化的指导意见，建立完善科技成果信息发布和共享平台，健全以技术交易市场为核心的技术转移和产业化服务体系。

（2）完善科技成果转化激励机制，推动事业单位科技成果使用、处置和收益管理改革，健全科技成果科学评估和市场定价机制。

（3）完善科技成果转化协同推进机制，引导政产学研用按照市场规律和创新规律加强合作，鼓励企业和社会资本建立一批从事技术集成、熟化和工程化的中试基地。

（4）加快国防科技成果转化和产业化进程，推进军民技术双向转移转化。

（四）完善国家制造业创新体系

（1）加强顶层设计，加快建立以创新中心为核心载体、以公共服务平台和工程数据中心为重要支撑的制造业创新网络，建立市场化的创新方向选择机制和鼓励创新的风险分担、利益共享机制。

（2）充分利用现有科技资源，围绕制造业重大共性需求，采取政府与社会合作、政产学研用产业创新战略联盟等新机制、新模式，形成一批制造业创新中心（工业技术研究基地），开展关键共性重大技术研究和产业化应用示范。

（3）建设一批促进制造业协同创新的公共服务平台，规范服务标准，开展技术研发、检验检测、技术评价、技术交易、质量认证、人才培训等专业化服务，促进科技成果转化和推广应用。

（4）建设重点领域制造业工程数据中心，为企业提供创新知识和工程数据的开放共享服务。

（5）面向制造业关键共性技术，建设一批重大科学研究和实验设施，提高核心企业系统集成能力，促进向价值链高端延伸。

（五）加强标准体系建设

（1）改革标准体系和标准化管理体制，组织实施制造业标准化提升计划，在智能制造等重点领域开展综合标准化工作。发挥企业在标准制定中的重要作用，支持组建重点领域标准推进联盟，建设标准创新研究基地，协同推进产品研发与标准制定。

（2）制定满足市场和创新需要的团体标准，建立企业产品和服务标准自我声明公开和监督制度。鼓励和支持企业、科研院所、行业组织等参与国际标准制定，加快我国标准国际化进程。

（3）大力推动国防装备采用先进的民用标准，推动军用技术标准向民用领域的转化和应用。做好标准的宣传贯彻，大力推动标准实施。

（六）强化知识产权运用

（1）加强制造业重点领域关键核心技术知识产权储备，构建产业化导向的专利组合和战略布局。

（2）鼓励和支持企业运用知识产权参与市场竞争，培育一批具备知识产权综合实力的优势企业，支持组建知识产权联盟，推动市场主体开展知识产权协同运用。

（3）稳妥推进国防知识产权解密和市场化应用。

（4）建立健全知识产权评议机制，鼓励和支持行业骨干企业与专业机构在重点领域合作开展专利评估、收购、运营、风险预警与应对。

（5）构建知识产权综合运用公共服务平台。

（6）鼓励开展跨国知识产权许可。

（7）研究制定降低中小企业知识产权申请、保护及维权成本的政策措施。

四、完善制造业创新体系，推进制造业创新中心建设

（一）总体思路

坚持把创新摆在制造业发展全局的核心位置，按照《中国制造2025》战略部署，围绕制造业创新发展的核心任务，有效发挥市场主导作用和政府引导作用，统筹推进国家制造业创新中心和省级制造业创新中心建设，汇聚创新资源，建立共享机制，发挥溢出效应，打通技术开发到转移扩散再到首次商业化应用的创新链条，进一步完善以企业为主体、以市场为导向、政产学研用相结合的制造业创新体系，形成制造业创新驱动、大中小企业协同发展的新格局，切实提高制造业创新能力，推动我国制造业由大变强。

（二）主要目标

国家制造业创新平台包括国家制造业创新中心和省级制造业创新中心。按照《中国制造2025》和《中国制造2025分省市指南》总体部署和要求，围绕重点行业转型升级和新一代信息技术、智能制造、增材制造、新材料、生物医药等领域创新发展的重大共性需求，建设一批制造业创新中心。到2020年，形成15家左右国家制造业创新中心；到2025年，形成40家左右国家制造业创新中心。在有条件、综合实力较强的地方，建成一批省级/区域制造业创新中心，作为国家制造业创新中心的支撑和补充。

通过突破重点领域共性关键技术，加速科技成果商业化和产业化，优化制造业创新生态环境，形成以国家制造业创新中心和省级制造业创新中心为核心节点的多层次、网络化制造业创新体系，显著提升国家制造业创新能力。

（三）总体部署

围绕《中国制造2025》重点领域，每个领域布局一家国家制造业创新中心，形成支撑国家制造业创新体系的核心节点。国家制造业创新中心应汇聚该领域国内主要创新资源，主要解决面向行业的共性技术，以企业为主体，政产学研用相结合，采用企业法人等形式组建，探索并完善运行机制，形成内生发展动力。

按照《中国制造2025分省市指南》布局要求，重点产业集聚的省市可选择优势领域建设省级制造业创新中心，打造区域制造业创新平台。

聚焦事关制造业发展全局的重点领域的省级制造业创新中心，在符合《中国制造2025分省市指南》要求、能够整合国内本领域创新资源、运行稳定并可持续发展、在本领域形成较强影响力时，经制造业创新中心建设工程专家组审核通过后，可升级为国家制造业创新中心。

课堂总结

1. 了解提高国家制造创新能力的重要性。
2. 了解提高国家制造创新能力的总体要求。
3. 了解提高国家制造创新能力的措施。

第21课 提高制造业信息化

一、智能制造的总体要求

（一）智能制造的含义

全球制造业从工业3.0迈向工业4.0时代，以新一代信息技术与先进制造技术深度融合为基本特征的智能制造，已成为这次新工业革命的核心驱动力。它是一种由智能机器和人类专家共同组成的人机一体化智能研讨系统，它能在制造过程中进行智能活动，诸如分析、推理、判断、构思和决策等。一般认为，最早提出智能制造概念的当属美国的怀特教授和布恩教授——在1988年出版的《制造智能》一书中提出。近年来，美国成立了一个“智能制造领导力联盟”，将智能制造定义为：通过高级智能系统的深度利用，从而实现新产品快速制造，产品需求的动态响应，生产和供应链网络的实时优化。

关于智能制造的其他定义：智能制造及系统，把机器智能融合于制造的各种活动中，以满足企业相应的目标；智能制造系统，把机器智能融入包括人和资源形成的系统中，使制造活动能动态地适应需求和制造环境的变化，从而满足系统的优化目标。

智能制造，实际上是信息化与工业化的深度融合。

（二）世界各国智能制造战略及国际合作计划

1989年，日本提出“智能制造系统”国际合作计划，简称“IMS计划”，是当时全球制造领域内规模最大的一项国际合作研究计划。

2012年，美国提出“先进制造业国家战略计划”，提出中小企业、劳动力、伙伴关系、联邦投资以及研发投资等五大发展目标和实施建议。

2013年4月，德国政府宣布工业4.0国家级战略规划。

2014年，日本发布制造业白皮书，提出重点发展机器人、下一代清洁能源汽车、再生医疗以及3D打印技术。

2015年，中国为实现制造强国的战略目标发布了《中国制造2025》战略规划，智能制造成为其主攻方向。

2017年，中国科协智能制造学会联合体于12月发起筹备国际智能制造联盟。

（三）总体要求

（1）加快推动新一代信息技术与制造技术融合发展，把智能制造作为两化深度融合的主攻方向。

（2）着力发展智能装备和智能产品，推进生产过程智能化，培育新型生产方式，全面提升企业研发、生产、管理和服务的智能化水平。

二、提高制造业信息化的措施

（一）研究制定智能制造发展战略

（1）编制智能制造发展规划，明确发展目标、重点任务和重大布局。

（2）加快制定智能制造技术标准，建立完善智能制造和两化融合管理标准体系。

（3）强化应用牵引，建立智能制造产业联盟，协同推动智能装备和产品研发、系统集成创新与产业化。

（4）促进工业互联网、云计算、大数据在企业研发设计、生产制造、经营管理、销售服务等全流程和全产业链的综合集成应用。

（5）加强智能制造工业控制系统网络安全保障能力建设，健全综合保障体系。

（二）加快发展智能制造装备和产品

（1）组织研发具有深度感知、智慧决策、自动执行功能的高档数控机床、工业机器人、增材制造装备等智能制造装备以及智能化生产线，突破新型传感器、智能测量仪表、工业控制系统、伺服电机及驱动器和减速器等智能核心装置，推进工程化和产业化。

（2）加快机械、航空、船舶、汽车、轻工、纺织、食品、电子等行业生产设备的智能化改造，提高精准制造、敏捷制造能力。

（3）统筹布局和推动智能交通工具、智能工程机械、服务机器人、智能家电、智能照明电器、可穿戴设备等产品研发和产业化。

（三）推进制造过程智能化

（1）在重点领域试点建设智能工厂/数字化车间，加快人机智能交互、工业机器人、智能物流管理、增材制造等技术和装备在生产过程中的应用，促进制造工艺的仿真优化、数字化控制、状态信息实时监测和自适应控制。

（2）加快产品全生命周期管理、客户关系管理、供应链管理系统的推广应用，促进集团管控、设计与制造、产供销一体、业务和财务衔接等关键环节集成，实现智能管控。

（3）加快民用爆炸物品、危险化学品、食品、印染、稀土、农药等重点行业智能检测监管体系建设，提高智能化水平。

（四）深化互联网在制造领域的应用

（1）制定互联网与制造业融合发展的路线图，明确发展方向、目标和路径。

（2）发展基于互联网的个性化定制、众包设计、云制造等新型制造模式，推动形成基于消费需求动态感知的研发、制造和产业组织方式。

（3）建立优势互补、合作共赢的开放型产业生态体系。

（4）加快开展物联网技术研发和应用示范，培育智能监测、远程诊断管理、全产业链追溯等工业互联网新应用。

（5）实施工业云及工业大数据创新应用试点，建设一批高质量的工业云服务和工业大数据平台，推动软件与服务、设计与制造资源、关键技术与标准的开放共享。

（五）加强互联网基础设施建设

（1）加强工业互联网基础设施建设规划与布局，建设低时延、高可靠、广覆盖的工业互联网。

（2）加快制造业集聚区光纤网、移动通信网和无线局域网的部署与建设，实现信息网络宽带升级，提高企业宽带接入能力。

（3）针对信息物理系统网络研发及应用需求，组织开发智能控制系统、工业应用软件、故障诊断软件和相关工具、传感和通信系统协议，实现人、设备与产品的实时联通、精确识别、有效交互与智能控制。

三、智能制造工程

第一，紧密围绕重点制造领域关键环节，开展新一代信息技术与制造装备融合的集成创新和工程应用。

第二，支持政产学研用联合攻关，开发智能产品和自主可控的智能装置并实现产业化。

第三，依托优势企业，紧扣关键工序智能化、关键岗位机器人替代、生产过程智能优化控制、供应链优化，建设重点领域智能工厂/数字化车间。

第四，在基础条件好、需求迫切的重点地区、行业和企业中，分类实施流程制造、离散制造、智能装备和产品、新业态新模式、智能化管理、智能化服务等试点示范及应用推广。

第五，建立智能制造标准体系和信息安全保障系统，搭建智能制造网络系统平台。

到2020年，制造业重点领域智能化水平显著提升，试点示范项目运营成本降低30%，产品生产周期缩短30%，不良品率降低30%。到2025年，制造业重点领域全面实现智能化，试点示范项目运营成本降低50%，产品生产周期缩短50%，不良品率降低50%。

四、智能制造相关股票的市场表现

智能制造涉及的股票较多，诸如，瀚川智能、百胜智能、科大智能、百奥智能、智能自控、机器人、海得控制、弘亚数控、用友网络、中控技术、创世纪、拓斯达、联合光电、清水源、利和兴等。

（1）用友网络。用友网络业务涉及软件及服务、企业互联网服务、互联网金融服务。2021年第三季度的年营业总收入49.33亿元，同比增长6.79%；净利润为1.27亿元，同比增长913.76%。2001年5月至2023年11月用友网络股价日K走势见图4-2。

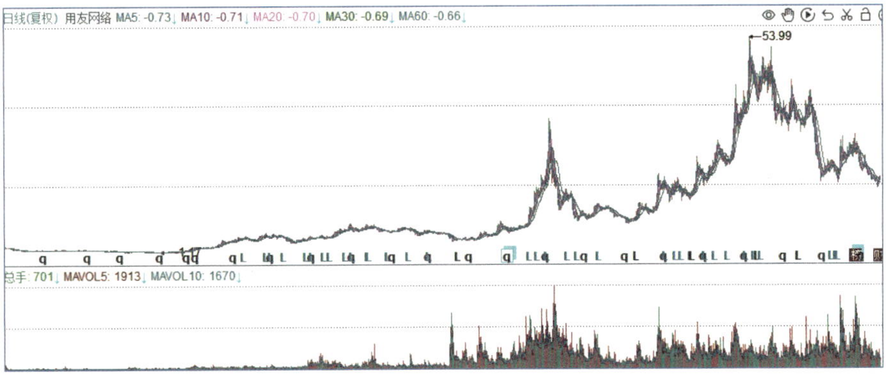

图4-2　2001年5月至2023年11月用友网络股价日K走势

（2）中控技术。中控技术是中国工业自动化行业龙头企业，业务包括自动化主控设备、现场总线控制系统和自动化仪表的开发、生产、销售及技术服务。不仅上市，而且市场定价较高，在70.01～123.88元波动（见图4-3）。

图4-3　2021年3月至2021年11月中控技术股价日K走势

中控技术 2020 年股票表现情况见图 4-4。

市盈率(动态)：95.33	每股收益：0.67元 +	每股资本公积金：4.83元 +	分类：小盘股
市盈率(静态)：100.02	营业总收入：29.22亿元 同比增长41.25% +	每股未分配利润：2.31元 +	总股本：4.94亿股
市净率：10.00	净利润：3.33亿元 同比增长37.78% +	每股经营现金流：-0.29元 +	总市值：423.33亿元
每股净资产：8.57元 +	毛利率：39.90% +	净资产收益率：7.90% +	流通A股：0.44亿股
最新解禁：2021-11-24	解禁股份类型：首发原股东限售股份	解禁数量：2.28亿股 +	占总股本比例：46.15%

图 4-4　中控技术 2020 年股票表现情况

课堂总结

1. 了解智能制造的含义及重要性。
2. 了解智能制造的目标。
3. 了解提高制造业信息化的措施。
4. 了解智能制造工程。

第22课 高端装备制造工程

一、高端装备制造业发展的重要性

（一）含义

高端装备制造业又称“先进装备制造业”，是指以高新技术为核心，生产制造高技术、高附加值的先进工业设施设备的行业。高端装备主要包括传统产业转型升级和战略性新兴产业发展所需的高技术、高附加值装备。

（二）特征

（1）从行业的角度来看，高端装备制造业是指具有高技术含量和高附加值的产业，是一个国家或者地区工业化的必然产物；从产业链的角度来看，高端装备制造业是产业链的高端环节，因此，在市场上具有一定的竞争优势。

（2）高端装备制造业是一个国家核心竞争力的重要标志，还是战略性新兴产业的重要一环。高端装备制造业的高端主要体现在三个方面：一是技术含量高，体现在多学科多领域高精尖技术的集成；二是处在价值链的高端；三是在产业链中占据重要地位，发展水平将会促进我国国民经济发展。

（三）涉及的主要领域

高端装备制造业涉及的主要领域有：航空装备行业、卫星制造以及应用行业、轨道交通设备制造行业、海洋工程装备制造行业、智能制造行业等。

（四）高端装备制造业具体代表企业

（1）航空装备行业：航发动力、航发科技、航发控制、中航重机、中航光电、中航机电、中航沈飞等。

（2）卫星制造以及应用行业：中国卫星、振芯科技、合众思壮、北斗星通等。

（3）轨道交通设备制造行业：中国中车、许继电气、国电南自、晋西车轴、时代新材、特锐德等。

（4）海洋工程装备制造行业：中国重工、振华重工、海油工程、中海油服、中国船舶、中集集团等。

（5）智能制造行业：秦川机床、汉钟精机、华东数控、华明装备、机器人、陕鼓动力等。

（五）意义

（1）高端装备制造业是以高新技术为引领，处于价值链高端和产业链核心环节，决定着整个产业链综合竞争力的战略性新兴产业；是现代产业体系的脊梁；是推动工业转型升级的引擎。

（2）大力培育和发展高端装备制造业，是提升我国产业核心竞争力的必然要求，对于转变经济发展方式、实现由制造业大国向强国转变具有重要战略意义。

总之，高端制造业在我国占据主导地位，是我国经济发展的重要命脉。相信在我国整体产业升级的背景下，未来十年，我国的高端装备制造业将迎来黄金增长期，从而成为我国国民经济的重要支柱产业。

二、中国高端装备制造业的现状及发展的总体要求

（一）现状

长期以来，我国依靠“引进—落后—再引进”的模式发展，使我国在知识技术密集、附加值高的高精尖领域一直受制于人。近年来，随着国家对战略性新兴产业的重视和政策上对创新的鼓励与支持，我国高端装备制造产业取得了令人瞩目的成就。我国是制造业大国，同时也是装备制造大国，但在高端装备制造领域，外资企业占据60%以上市场份额，处于主导地位，国内企业竞争力相对不足。而在低端装备制造领域，我国产能过剩，且市场对低端装备的需求持续下降，供大于求的矛盾日益突出。我国装备制造行业整体呈现结构性产能过剩的发展状况，向高端领域进军是行业发展的必然趋势。

（二）发展的总体要求

《中国制造2025》提出，大力推动重点领域突破发展，瞄准新一代信息技术、高端装备、新材料、生物医药等战略重点，引导社会各类资源集聚，推动优势和战略产业快速发展。

首先，要想实现高端装备制造业的目标，就要在核心技术的自主化、高端产品国产化等方面得到实现。其次，要想更好地发展高端装备制造业，一方面要大力发展较高附加值和高技术含量的产业，另一方面要在现有的基础上向价值链高端延伸。

三、高端装备制造业的发展措施

高端装备制造业是我国后期发展的一个重点，属于高景气行业，具有一定的投资

价值，持续发展的周期性很强，不会在短期内发生衰退，对其研发的高投入具有一定的保障。因此，把握高端装备制造业的发展趋势，是当前的重点。

《中国制造 2025》提出，组织实施大型飞机、航空发动机及燃气轮机、民用航天、智能绿色列车、节能与新能源汽车、海洋工程装备及高技术船舶、智能电网成套装备、高档数控机床、核电装备、高端诊疗设备等一批创新和产业化专项、重大工程。开发一批标志性、带动性强的重点产品和重大装备，提升自主设计水平和系统集成能力，突破共性关键技术与工程化、产业化瓶颈，组织开展应用试点和示范，提高创新发展能力和国际竞争力，抢占竞争制高点。

到 2020 年，上述领域实现自主研制及应用；到 2025 年，自主知识产权高端装备市场占有率大幅提升，核心技术对外依存度明显下降，基础配套能力显著增强，重要领域装备达到国际领先水平。

（一）航空航天装备

（1）航空装备。加快大型飞机研制，适时启动宽体客机研制，鼓励国际合作研制重型直升机；推进干支线飞机、直升机、无人机和通用飞机产业化。突破高推重比、先进涡桨（轴）发动机及大涵道比涡扇发动机技术，建立发动机自主发展工业体系。开发先进机载设备及系统，形成自主完整的航空产业链。

（2）航天装备。发展新一代运载火箭、重型运载器，提升进入空间能力。加快推进国家民用空间基础设施建设，发展新型卫星等空间平台与有效载荷、空天地宽带互联网系统，形成长期持续稳定的卫星遥感、通信、导航等空间信息服务能力。推动载人航天、月球探测工程，适度发展深空探测。推进航天技术转化与空间技术应用。

（二）海洋工程装备及高技术船舶

大力发展深海探测、资源开发利用、海上作业保障装备及其关键系统和专用设备。推动深海空间站、大型浮式结构物的开发和工程化。形成海洋工程装备综合试验、检测与鉴定能力，提高海洋开发利用水平。突破豪华邮轮设计建造技术，全面提升液化天然气船等高技术船舶国际竞争力，掌握重点配套设备集成化、智能化、模块化设计制造核心技术。

（三）先进轨道交通装备

加快新材料、新技术和新工艺的应用，重点突破体系化安全保障、节能环保、数字化智能化网络化技术，研制先进可靠适用的产品和轻量化、模块化、谱系化产品。研发新一代绿色智能、高速重载轨道交通装备系统，围绕系统全寿命周期，向用户提供整体解决方案，建立世界领先的现代轨道交通产业体系。

（四）节能与新能源汽车

继续支持电动汽车、燃料电池汽车发展，掌握汽车低碳化、信息化、智能化核心技术，提升动力电池、驱动电机、高效内燃机、先进变速器、轻量化材料、智能控制等核心技术的工程化和产业化能力，形成从关键零部件到整车的完整工业体系和创新体系，推动自主品牌节能与新能源汽车同国际先进水平接轨。

（五）电力装备

推动大型高效超净排放煤电机组产业化和示范应用，进一步提高超大容量水电机组、核电机组、重型燃气轮机制造水平。推进新能源和可再生能源装备、先进储能装置、智能电网用输变电及用户端设备发展。突破大功率电力电子器件、高温超导材料等关键元器件和材料的制造及应用技术，形成产业化能力。

（六）农机装备

重点发展粮、棉、油、糖等大宗粮食和战略性经济作物育、耕、种、管、收、运、贮等主要生产过程使用的先进农机装备，加快发展大型拖拉机及其复式作业机具、大型高效联合收割机等高端农业装备及关键核心零部件。提高农机装备信息收集、智能决策和精准作业能力，推进形成面向农业生产的信息化整体解决方案。

（七）高档数控机床和机器人

（1）高档数控机床。开发一批精密、高速、高效、柔性数控机床与基础制造装备及集成制造系统。加快高档数控机床、增材制造等前沿技术和装备的研发。以提升可靠性、精度保持性为重点，开发高档数控系统、伺服电机、轴承、光栅等主要功能部件及关键应用软件，加快实现产业化。加强用户工艺验证能力建设。

（2）机器人。围绕汽车、机械、电子、危险品制造、国防军工、化工、轻工等工业机器人、特种机器人，以及医疗健康、家庭服务、教育娱乐等服务机器人应用需求，积极研发新产品，促进机器人标准化、模块化发展，扩大市场应用。突破机器人本体、减速器、伺服电机、控制器、传感器与驱动器等关键零部件及系统集成设计制造等技术瓶颈。

四、高端装备制造业股票的市场表现

（一）浙江鼎力

浙江鼎力是高端装备制造龙头企业，全球高空作业平台领先企业之一，业务涉及各类高空作业平台的研发、制造、销售和服务。浙江鼎力的市场表现见图 4-5、图 4-6。

图 4-5　2016 年 4 月至 2023 年 2 月浙江鼎力股价日 K 走势

市盈率(动态)：34.61	每股收益：1.50元 +	每股资本公积金：1.88元 +	分类：大盘股
市盈率(静态)：50.72	营业总收入：39.96亿元 同比增长61.5% +	每股未分配利润：5.52元 +	总股本：4.85亿股
市净率：7.75	净利润：7.30亿元 同比增长17.67% +	每股经营现金流：0.04元 +	总市值：336.83亿元
每股净资产：8.95元 +	毛利率：28.25% +	净资产收益率：18.00% +	流通A股：4.85亿股

图 4-6　2020 年浙江鼎力股票表现情况

（二）航发动力

航发动力属于“国防军工—航空装备”企业，主要产品和服务有航空发动机及燃气轮机整机。航发动力的市场表现见图 4-7、图 4-8。

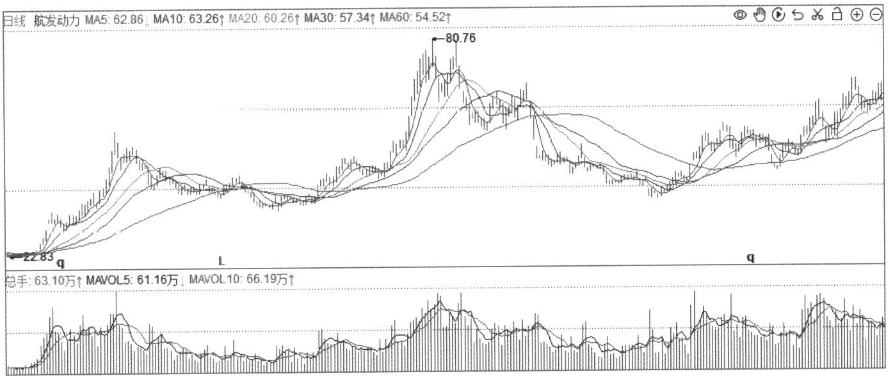

图 4-7　2020 年 5 月至 2021 年 8 月航发动力股价日 K 走势

市盈率(动态)：157.29	每股收益：0.29元 +	每股资本公积金：10.11元 +	分类：超大盘股
市盈率(静态)：143.28	营业总收入：183.43亿元 同比增长18.59% +	每股未分配利润：2.51元 +	总股本：26.66亿股
市净率：4.48	净利润：7.83亿元 同比增长23.58% +	每股经营现金流：3.29元 +	总市值：1642.01亿元
每股净资产：13.74元 +	毛利率：14.44% +	净资产收益率：2.15% +	流通A股：23.29亿股
最新解禁：2022-09-27	解禁股份类型：定向增发机构配售股份	解禁数量：1.41亿股 +	占总股本比例：5.28%
更新日期：2021-11-05	总质押股份数量：390.00万股	质押股份占A股总股本比例：0.15% +	

图 4-8　2020 年航发动力股票表现情况

（三）振芯科技

振芯科技围绕北斗卫星导航的“元器件—终端—系统应用”产业链提供产品和服务，主要从事北斗卫星导航“元器件—整机—系统应用”全链条核心产品的研制、生产及销售运营。振芯科技的市场表现见图 4-9、图 4-10。

图 4-9　2020 年 6 月至 2021 年 11 月振芯科技股价日 K 走势

市盈率(动态)：92.93	每股收益：0.22元 +	每股资本公积金：0.29元 +	分类：中盘股
市盈率(静态)：191.27	营业总收入：5.01亿元 同比增长55.59% +	每股未分配利润：0.79元 +	总股本：5.60亿股
市净率：12.86	净利润：1.24亿元 同比增长144.61% +	每股经营现金流：-0.17元 +	总市值：154.19亿元
每股净资产：2.14元 +	毛利率：57.19% +	净资产收益率：11.56% +	流通A股：5.58亿股

图 4-10　2021 年振芯科技股票表现情况

课堂总结

1. 了解高端装备制造业的含义及其特点。
2. 了解高端装备制造业发展的重要性。
3. 了解高端装备制造业的总体要求和措施。

第23课 全面推行绿色制造

一、全面推行绿色制造的总体要求

（一）含义

绿色制造又被称作“环境意识制造”。这是一个现代化的概念，也是一个综合考虑环境影响和资源消耗的现代制造模式，即在考虑企业资源效益的同时又要兼顾其对环境影响的程度。在工业输出产品过程中，包括从设计、制造、包装、运输、使用到报废处理的整个生命周期中，绿色制造对环境负面影响最小，资源利用率最高，企业经济效益和社会效益协调优化。不难看出，绿色制造的这种先进制造模式与可持续发展战略高度契合。绿色制造内涵的广义性表现为：

（1）绿色制造中的“制造”涉及产品整个生命周期；

（2）绿色制造涉及的范围非常广泛；

（3）绿色制造涉及的领域包括三部分——制造问题、环境保护问题、资源优化利用问题；

（4）绿色制造是一种充分考虑环境问题、资源问题的现代制造模式。

（二）绿色制造的意义

（1）绿色制造是实施制造业环境污染源头控制的关键途径，是21世纪制造业实现可持续发展的必由之路。

（2）绿色制造是21世纪国际制造业的发展趋势。

（3）绿色制造是实现国民经济可持续发展战略的重要途径。

（4）绿色制造将带动一大批新兴产业，形成新的经济增长点。

解决制造业环境污染问题的两大途径：末端治理和源头控制。

（三）发展的总体要求

《中国制造2025》提出：

（1）加大先进节能环保技术、工艺和装备的研发力度，加快制造业绿色改造升级；

（2）积极推行低碳化、循环化和集约化，提高制造业资源利用效率；

（3）强化产品全生命周期绿色管理，努力构建高效、清洁、低碳、循环的绿色制造体系。

二、全面推行绿色制造的措施

（一）加快制造业绿色改造升级

（1）全面推进钢铁、有色、化工、建材、轻工、印染等传统制造业绿色改造，大力研发推广余热余压回收、水循环利用、重金属污染减量化、有毒有害原料替代、废渣资源化、脱硫脱硝除尘等绿色工艺技术装备，加快应用清洁高效铸造、锻压、焊接、表面处理、切削等加工工艺，实现绿色生产。

（2）加强绿色产品研发应用，推广轻量化、低功耗、易回收等技术工艺，持续提升电机、锅炉、内燃机及电器等终端用能产品能效水平，加快淘汰落后机电产品和技术。

（3）积极引领新兴产业高起点绿色发展，大幅降低电子信息产品生产、使用能耗及限用物质含量，建设绿色数据中心和绿色基站，大力促进新材料、新能源、高端装备、生物产业绿色低碳发展。

（二）推进资源高效循环利用

（1）支持企业强化技术创新和管理，增强绿色精益制造能力，大幅降低能耗、物耗和水耗水平。

（2）持续提高绿色低碳能源使用比率，开展工业园区和企业分布式绿色智能微电网建设，控制和削减化石能源消费量。

（3）全面推行循环生产方式，促进企业、园区、行业间链接共生、原料互供、资源共享。

（4）推进资源再生利用产业规范化、规模化发展，强化技术装备支撑，提高大宗工业固体废弃物、废旧金属、废弃电器电子产品等综合利用水平。

（5）大力发展再制造产业，实施高端再制造、智能再制造、在役再制造，推进产品认定，促进再制造产业持续健康发展。

（三）积极构建绿色制造体系

（1）支持企业开发绿色产品，推行生态设计，显著提升产品节能环保低碳水平，引导绿色生产和绿色消费。

（2）建设绿色工厂，实现厂房集约化、原料无害化、生产洁净化、废物资源化、能源低碳化。

（3）发展绿色园区，推进工业园区产业耦合，实现近零排放。

（4）打造绿色供应链，加快建立以资源节约、环境友好为导向的采购、生产、营销、回收及物流体系，落实生产者责任延伸制度。

（5）壮大绿色企业，支持企业实施绿色战略、绿色标准、绿色管理和绿色生产。

（6）强化绿色监管，健全节能环保法规、标准体系，加强节能环保监察，推行企业社会责任报告制度，开展绿色评价。

三、绿色制造工程及其目标

（一）绿色制造工程

（1）组织实施传统制造业能效提升、清洁生产、节水治污、循环利用等专项技术改造。

（2）开展重大节能环保、资源综合利用、再制造、低碳技术产业化示范。

（3）实施重点区域、流域、行业清洁生产水平提升计划，扎实推进大气、水、土壤污染源头防治专项。

（4）制定绿色产品、绿色工厂、绿色园区、绿色企业标准体系，开展绿色评价。

（二）目标

（1）到2020年，建成千家绿色示范工厂和百家绿色示范园区，部分重化工行业能源资源消耗出现拐点，重点行业主要污染物排放强度下降20%。

（2）到2025年，制造业绿色发展和主要产品单耗达到世界先进水平，绿色制造体系基本建立。

四、绿色制造股票的市场表现

绿色制造的特点

绿色经济是以市场为导向、以传统产业经济为基础、以经济与环境的和谐为目的而发展起来的一种新的经济形式，是产业经济为适应人类环保与健康需要而产生并表现出来的一种发展状态。

绿色经济是一种以资源节约型和环境友好型经济为主要内容及其重要特征，以经济绿色化和绿色产业化为内涵，包括低碳经济、循环经济和生态经济在内的高技术产业；也是一种资源消耗低、环境污染少、产品附加值高、生产方式集约的经济形态，有利于转变我国经济高能耗、高物耗、高污染、高排放的粗放发展模式，有利于推动我国经济集约式发展和可持续增长。包括绿色制造在内的绿色经济是一个永恒的话题，具有长期发展的政策倾向。

包括绿色制造在内的绿色经济类股票相对较多，虽然具有长期向好的政策支持，但不同股票的市场表现存在很大差异。

1. 盛剑环境

盛剑环境是中国泛半导体产业提供工艺废气治理系统解决方案的国内具有较强综合实力的企业。盛剑环境 2012 年 6 月 15 日成立，2018 年 4 月设立股份公司，2021 年 4 月股票上市。盛剑环境的市场表现见图 4-11、图 4-12。

图 4-11　2021 年 4 月至 2021 年 11 月盛剑环境股价日 K 走势

市盈率(动态)：77.77	每股收益：0.78元 +	每股资本公积金：6.10元 +	分类：小盘股
市盈率(静态)：75.53	营业总收入：7.91亿元 同比增长67.8% +	每股未分配利润：3.34元 +	总股本：1.24亿股
市净率：6.98	净利润：0.89亿元 同比增长76.03% +	每股经营现金流：-1.23元 +	总市值：91.85亿元
每股净资产：10.62元 +	毛利率：26.51% +	净资产收益率：7.91% +	流通A股：0.31亿股

图 4-12　2021 年盛剑环境股票表现情况

2. 龙净环保

龙净环保专注于大气污染控制领域环保产品的研究、开发、设计、制造、安装、调试和运营。1998 年 1 月成立，2000 年 12 月 14 日股票上市。龙净环保市场表现见图 4-13、图 4-14。

图 4-13　2006 年 6 月至 2024 年 2 月龙净环保股价日 K 走势

市盈率(动态)：9.50	每股收益：0.65元 +	每股资本公积金：0.45元 +	分类：中盘股
市盈率(静态)：12.49	营业总收入：82.37亿元 同比增长18.25% +	每股未分配利润：4.05元 +	总股本：10.69亿股
市净率：1.36	净利润：6.93亿元 同比增长21.01% +	每股经营现金流：0.33元 +	总市值：87.77亿元
每股净资产：6.03元 +	毛利率：22.66% +	净资产收益率：10.72% +	流通A股：10.69亿股
更新日期：2021-11-05	总质押股份数量：2.27亿股 +	质押股份占A股总股本比例：21.24% +	

图 4-14　2020 年龙净环保股票表现情况

课堂总结

1. 了解全面推行绿色制造的意义。
2. 了解绿色制造的特点。
3. 了解绿色制造股票的市场表现。

第 24 课　制造业与服务业的融合发展

一、服务型制造发展的总体要求

（一）服务型制造发展要求

2016 年，工业和信息化部联合国家发展改革委和中国工程院共同发布《发展服务型制造专项行动指南》，目的在于贯彻落实《中国制造 2025》，把握新一轮科技革命和产业变革带来的机遇，促进制造业由生产型制造向服务型制造转变。该指南指出，服务型制造，是制造与服务融合发展的新型产业形态，是制造业转型升级的重要方向。制造业企业通过创新优化生产组织形式、运营管理方式和商业发展模式，不断增加服务要素在投入和产出中的比重，从以加工组装为主向“制造+服务”转型，从单纯出售产品向出售“产品+服务”转变，有利于延伸和提升价值链，提高全要素生产率、产品附加值和市场占有率。可见，服务型制造，本质是服务与制造的融合。

传统观念认为，制造就是生产加工。实际上，生产不等于制造。制造包括生产和服务两部分，也就是说，“制造=生产+服务”。服务处于价值的高端，而生产加工环节却处于低端。生产创造的价值约占整体价值的 1/3，而服务创造的价值约占整体价值的 2/3。从过程来分析，生产过程的时间为 1/10，而服务过程的时间为 9/10。

服务型制造是为了实现制造价值链中各利益相关者的价值增值，通过产品和服务的融合、客户全程参与、企业相互提供生产性服务和服务性生产，实现分散化制造资源的整合和各自核心竞争力的高度协同，达到高效创新的一种制造模式。美国经济学家格林福尔德于 1966 年在研究服务业分类时最早提出了生产性服务业的概念。

（1）定制化生产是服务型制造的典型方式之一。在一个日益发达的市场体系中，生产分工日趋细化，需要灵活柔性的、小批量多品种的生产制造方式以适应市场需求的变化。为了实施这样的生产制造方式，需要采用服务型制造模式，建立海外制造基地或业务流程外包，以降低成本、提升价值链、增强产业竞争力。

（2）服务型制造的主要模式是业务流程外包。据联合国贸易与发展会议资料，

1999—2004年，全世界业务流程外包年平均增长23%，成为外包服务中增长最快的业务。

（3）装备制造业是典型的服务型制造行业。装备制造企业大多是按单制造生产组织模式。装备制造业的按单制造与传统的批量制造在生产组织模式上有着明显的区别。

（二）服务型制造的特点

西安交通大学孙林岩教授在《21世纪的先进制造模式——服务型制造》中提出，服务型制造是知识资本、人力资本和产业资本的聚合物，是三者的黏合剂。知识资本、人力资本和产业资本的高度聚合，使得服务型制造摆脱了传统制造的低技术含量、低附加值的形象，使其具有和以往各类制造方式显著不同的特点，具体体现在以下方面。

（1）在价值实现上，服务型制造强调由传统的以产品制造为核心，向提供具有丰富服务内涵的产品和依托产品的服务转变，直至为顾客提供整体解决方案。

（2）在作业方式上，由传统制造模式以产品为核心转向以人为中心，强调客户、作业者的认知和知识融合，通过有效挖掘服务制造链上的需求，实现个性化生产和服务。

（3）在组织模式上，服务型制造的覆盖范围虽然超越了传统的制造及服务范畴，但是它不去追求纵向的一体化，而是更关注不同类型主体（顾客、服务企业、制造企业）相互通过价值感知，主动参与到服务型制造网络的协作活动中，在相互的动态协作中自发形成资源优化配置，涌现出具有动态稳定结构的服务型制造系统。

（4）在运作模式上，服务型制造强调主动性服务，主动将顾客引进产品制造、应用服务过程，主动发现顾客需求，展开针对性服务。企业间基于业务流程合作，主动实现为上下游客户提供生产性服务和服务性生产，协同创造价值。

（三）现实意义

（1）发展服务型制造，是增强产业竞争力、推动制造由大变强的必然要求。

（2）发展服务型制造，是顺应新一轮科技革命和产业变革的主动选择。

（3）发展服务型制造，是有效改善供给体系、适应消费结构升级的重要举措。

（四）发展的总体要求

《中国制造2025》提出：加快制造与服务的协同发展，推动商业模式创新和业态创新，促进生产型制造向服务型制造转变。大力发展与制造业紧密相关的生产性服务业，推动服务功能区和服务平台建设。

二、推动服务型制造发展的措施

（一）推动服务型发展制造

（1）研究制定促进服务型制造发展的指导意见，实施服务型制造行动计划。开展试点示范，引导和支持制造业企业延伸服务链条，从主要提供产品制造向提供产品和服务转变。

（2）鼓励制造业企业增加服务环节投入，发展个性化定制服务、全生命周期管理、网络精准营销和在线支持服务等。

（3）支持有条件的企业由提供设备向提供系统集成总承包服务转变，由提供产品向提供整体解决方案转变。

（4）鼓励优势制造业企业“裂变”专业优势，通过业务流程再造，面向行业提供社会化、专业化服务。

（5）支持符合条件的制造业企业建立企业财务公司、金融租赁公司等金融机构，推广大型制造设备、生产线等融资租赁服务。

（二）加快生产性服务业发展

（1）大力发展面向制造业的信息技术服务，提高重点行业信息应用系统的方案设计、开发、综合集成能力。

（2）鼓励互联网等企业发展移动电子商务、在线定制、线上到线下等创新模式，积极发展对产品、市场的动态监控和预测预警等业务，实现与制造业企业的无缝对接，创新业务协作流程和价值创造模式。

（3）加快发展研发设计、技术转移、创业孵化、知识产权、科技咨询等科技服务业，发展壮大第三方物流、节能环保、检验检测认证、电子商务、服务外包、融资租赁、人力资源服务、售后服务、品牌建设等生产性服务业，提高对制造业转型升级的支撑能力。

（三）强化服务功能区和公共服务平台建设

（1）建设和提升生产性服务业功能区，重点发展研发设计、信息、物流、商务、金融等现代服务业，增强辐射能力。

（2）依托制造业集聚区，建设一批生产性服务业公共服务平台。

（3）鼓励东部地区企业加快制造业服务化转型，建立生产服务基地。

（4）支持中西部地区发展具有特色和竞争力的生产性服务业，加快产业转移承接地服务配套设施和能力建设，实现制造业和服务业协同发展。

课堂总结

1. 了解服务型制造的含义及意义。
2. 了解服务型制造发展的措施。
3. 了解服务型制造对制造业的影响。

第 25 课 中国制造强国的制度保障

一、总体要求

（一）制度保障的必要性

制造业是国民经济的主体，是立国之本、兴国之器、强国之基。打造具有国际竞争力的制造业，是我国提升综合国力、保障国家安全、建设世界强国的必由之路。《中国制造 2025》，是我国实施制造强国战略第一个十年的行动纲领。力争通过三个十年的努力，到新中国成立一百年时，把我国建设成为引领世界制造业发展的制造强国，为实现中华民族伟大复兴的中国梦打下坚实基础。实现制造强国的战略目标，必须有强有力的制度保障。

（二）总体要求

（1）建设制造强国，必须发挥制度优势，动员各方面力量，进一步深化改革，完善政策措施，建立灵活高效的实施机制，营造良好环境；

（2）必须培育创新文化和中国特色制造文化，推动制造业由大变强。

二、政策措施

（一）市场环境保障

（1）深化体制机制改革。全面推进依法行政，加快转变政府职能，创新政府管理方式，加强制造业发展战略、规划、政策、标准等制定和实施，强化行业自律和公共服务能力建设，提高产业治理水平。

（2）营造公平竞争市场环境。深化市场准入制度改革，实施负面清单管理，加强事中事后监管，全面清理和废止不利于全国统一市场建设的政策措施。推进制造业企业信用体系建设，建设中国制造信用数据库，建立健全企业信用动态评价、守信激励和失信惩戒机制。强化企业社会责任建设，推行企业产品标准、质量、安全自我声明和监督制度。

（二）完善扶持政策

1. 完善金融扶持政策

深化金融领域改革，拓宽制造业融资渠道，降低融资成本。积极发挥政策性金融、开发性金融和商业金融的优势，加大对新一代信息技术、高端装备、新材料等重点领域的支持力度。在风险可控和商业可持续的前提下，通过内保外贷、外汇及人民币贷款、债权融资、股权融资等方式，加大对制造业企业在境外开展资源勘探开发、设立研发中心和高技术企业以及收购兼并等的支持力度。

2. 加大财税政策支持力度

充分利用现有渠道，加强财政资金对制造业的支持，重点投向智能制造、“四基”发展、高端装备等制造业转型升级的关键领域，为制造业发展创造良好政策环境。运用政府和社会资本合作（PPP）模式；创新财政资金支持方式；支持制造业重点领域科技研发和示范应用，促进制造业技术创新、转型升级和结构布局调整；完善和落实支持创新的政府采购政策，推动制造业创新产品的研发和规模化应用；健全研制、使用单位在产品创新、增值服务和示范应用等环节的激励约束机制。实施有利于制造业转型升级的税收政策，推进增值税改革，完善企业研发费用计核方法，切实减轻制造业企业税收负担。

3. 完善中小微企业优惠政策

落实和完善支持小微企业发展的财税优惠政策，优化中小企业发展专项资金使用重点和方式。加强中小微企业综合服务体系建设，完善中小微企业公共服务平台网络，建立信息互联互通机制，为中小微企业提供创业、创新、融资、咨询、培训、人才等专业化服务。

（三）强化人才保障制度

健全多层次人才培养体系。加强制造业人才发展统筹规划和分类指导，组织实施制造业人才培养计划，加大专业技术人才、经营管理人才和技能人才的培养力度，完善从研发、转化、生产到管理的人才培养体系。以提高现代经营管理水平和企业竞争力为核心，实施企业经营管理人才素质提升工程和国家中小企业银河培训工程，培养造就一批优秀企业家和高水平经营管理人才。以高层次、急需紧缺专业技术人才和创新型人才为重点，实施专业技术人才知识更新工程和先进制造卓越工程师培养计划，在高等学校建设一批工程创新训练中心，打造高素质专业技术人才队伍。强化职业教育和技能培训，引导一批普通本科高等学校向应用技术类高等学校转型，建立一批实训基地，开展现代学徒制试点示范，形成一支门类齐全、技艺精湛的技术技能人才队伍。鼓励企业与学校合作，培养制造业急需的科研人员、技术技能人才与复合型人才，深化相关领域工程博士、硕士专业学位研究生招生和培养模式改革，积极推进产学研用结合。加强产业人才需求预测，完善各类人才信息库，构建产业人才水平评价制度和信息发布平台。建立人才激励机制，加大对优秀人才的表彰和奖励力度。建立完善制造业人才服务机构，健全人才流动和使用的体制机制。采取多种形式选拔各类优秀人才重点是专业技术人才到国外学习培训，探索建立国际培训基地。加大制造业引智力度，引进领军人才和紧缺人才。

（四）健全组织实施机制

1. 领导机构保障

成立国家制造强国建设领导小组，由国务院领导同志担任组长，成员由国务院相关部门和单位负责同志担任。领导小组主要职责是：统筹协调制造强国建设全局性工作，审议重大规划、重大政策、重大工程专项、重大问题和重要工作安排，加强战略谋划，指导部门、地方开展工作。领导小组办公室设在工业和信息化部，承担领导小组日常工作。

设立制造强国建设战略咨询委员会，研究制造业发展的前瞻性、战略性重大问题，对制造业重大决策提供咨询评估。

2. 智力支持保障

支持包括社会智库、企业智库在内的多层次、多领域、多形态的中国特色新型智库建设，为制造强国建设提供强大智力支持。

3. 评价监督机制保障

建立《中国制造 2025》任务落实情况督促检查和第三方评价机制，完善统计监测、绩效评估、动态调整和监督考核机制。建立《中国制造 2025》中期评估机制，适时对目标任务进行必要调整。

三、受惠领域及市场表现

按照《中国制造 2025》规划，未来的制造业要实现制造业数字化、网络化、智能化。因此，涉及这些领域的公司将会有较快速度的发展，涉及有关智能制造、高端装备、绿色制造等特色的制造业股票，将有很好的市场表现。

课堂总结

1. 了解制度保障的重要性。
2. 了解制度保障的目标及措施。

第五章

乡村振兴战略产业政策分析

第26课 乡村振兴战略的重要性

一、乡村振兴战略的提出

（一）乡村振兴战略提出的背景

（1）乡村的兴和衰是一对矛盾体，有兴则有衰，衰与兴是可以互为转化的。纵观世界的发展史，城市化和工业化是乡村衰落的诱因；从人类文明史上来看，乡村衰落是一个世界性的问题，是城市化和工业化驱动的必然结果。

（2）党的十九大报告进行了“两个一百年”的战略规划。农业农村农民问题是关系国计民生的根本性问题，现代化建设中最薄弱的环节仍然是农业农村。

乡村兴则国家兴，乡村衰则国家衰。没有农业农村的现代化，就没有国家的现代化。乡村振兴关系到能否实现“两个一百年”奋斗目标。

（二）乡村振兴战略的提出

（1）2017年10月18日，党的十九大报告首次提出乡村振兴战略，报告指出农业农村农民问题是关系国计民生的根本性问题，必须始终把解决好“三农”问题作为全党工作的重中之重。要坚持农业农村优先发展，按照产业兴旺、生态宜居、乡风文明、治理有效、生活富裕的总要求，建立健全城乡融合发展体制机制和政策体系，加快推进农业农村现代化。

党的十九大报告把乡村振兴战略与科教兴国战略、人才强国战略、创新驱动发展战略、区域协调发展战略、可持续发展战略、军民融合发展战略并列为党和国家未来发展的“七大战略”，足见对乡村振兴的高度重视。

（2）2017年12月29日，中央农村工作会议首次提出走中国特色社会主义乡村振兴道路，让农业成为有奔头的产业，让农民成为有吸引力的职业，让农村成为安居乐业的美丽家园。

（3）2018年1月2日，《中共中央　国务院关于实施乡村振兴战略的意见》（中央一号文件）对实施乡村振兴战略进行了全面部署。文件指出实施乡村振兴战略，是解决人民日益增长的美好生活需要和不平衡不充分的发展之间矛盾的必然要求，是实现“两个一百年”奋斗目标的必然要求，是实现全体人民共同富裕的必然要求。

（4）2018 年 3 月 8 日，习近平总书记提出“五个振兴”的科学论断，即乡村产业振兴、乡村人才振兴、乡村文化振兴、乡村生态振兴、乡村组织振兴。这是习近平总书记对实施乡村振兴战略目标和路径的明确指示，必将极大推进乡村振兴工作。

（5）2018 年 5 月 31 日，中共中央政治局审议《乡村振兴战略规划（2018—2022 年）》，明确到 2020 年全面建成小康社会时和 2022 年召开党的二十大时的目标任务，细化、实化乡村振兴的工作重点和政策举措。具体部署重大工程、重大计划、重大行动，确保文件得到贯彻落实，政策得以执行落地。

（6）2021 年 1 月 4 日，《中共中央　国务院关于全面推进乡村振兴加快农业农村现代化的意见》（中央一号文件），对新发展阶段优先发展农业农村、全面推进乡村振兴做出总体部署。2 月 25 日，国务院直属机构国家乡村振兴局正式挂牌。

（7）2021 年 4 月 29 日，第十三届全国人民代表大会常务委员会第二十八次会议通过《中华人民共和国乡村振兴促进法》，全面实施乡村振兴战略，促进农业全面升级、农村全面进步、农民全面发展，加快农业农村现代化，全面建设社会主义现代化国家。

二、实施乡村振兴战略的目的

坚持农业农村优先发展，按照产业兴旺、生态宜居、乡风文明、治理有效、生活富裕的总要求，建立健全城乡融合发展体制机制和政策体系，统筹推进农村经济建设、政治建设、文化建设、社会建设、生态文明建设和党的建设，加快推进乡村治理体系和治理能力现代化，加快推进农业农村现代化，走中国特色社会主义乡村振兴道路，让农业成为有奔头的产业，让农民成为有吸引力的职业，让农村成为安居乐业的美丽家园。

三、乡村振兴战略的重要性

全面建成小康社会和全面建成社会主义现代化强国，最艰巨最繁重的任务在农村，最广泛最深厚的基础在农村，最大的潜力和后劲也在农村。实施乡村振兴战略，是解决新时代我国社会主要矛盾、实现“两个一百年”奋斗目标和中华民族伟大复兴中国梦的必然要求，具有重大现实意义和深远历史意义。

（1）实施乡村振兴战略是建设现代化经济体系的重要基础。乡村振兴，产业兴旺是重点，是解决农村一切问题的前提。实施乡村振兴战略，有利于推动农业从增产导向转向提质导向，增强我国农业创新力和竞争力，为建设现代化经济体系奠定坚实基础，对未来经济结构的优化意义重大。

（2）实施乡村振兴战略是建设美丽中国的关键举措。乡村振兴，生态宜居是关键。实施乡村振兴战略，统筹山水林田湖草系统治理，加快推行乡村绿色发展方式，加强农村人居环境整治，有利于构建人与自然和谐共生的乡村发展新格局，实现百姓富、生态美的统一。

（3）实施乡村振兴战略是传承中华优秀传统文化的有效途径。中华文明根植于农耕文化，乡村是中华文明的基本载体。乡村振兴，乡风文明是保障。实施乡村振兴战略，有利于在新时代焕发出乡风文明的新气象，进一步丰富和传承中华优秀传统文化。

（4）实施乡村振兴战略是健全现代社会治理格局的固本之策。乡村振兴，治理有效是基础。实施乡村振兴战略，健全乡村治理体系，确保广大农民安居乐业、农村社会安定有序，有利于打造共建共治共享的现代社会治理格局，推进国家治理体系和治理能力现代化。

（5）实施乡村振兴战略是实现全体人民共同富裕的必然选择。农业强不强、农村美不美、农民富不富，关乎亿万农民的获得感、幸福感、安全感，关乎全面建成小康社会全局。乡村振兴，生活富裕是根本。实施乡村振兴战略，不断拓宽农民增收渠道，全面改善农村生产生活条件，促进社会公平正义，有利于增进农民福祉，让亿万农民走上共同富裕的道路，汇聚起建设社会主义现代化强国的磅礴力量。

四、乡村振兴概念的资本市场表现

乡村振兴战略，提出的时间不长，而且农业的发展现在还存在着很多急需解决的问题。虽然随着乡村振兴战略的实施，农业的发展会越来越好，但发展的过程是漫长而复杂的。

乡村振兴概念整体概括：乡村振兴（885705），概念股数量 130 多家，包括新希望、隆平高科、新农开发、京蓝科技、德生科技、联诚精密等股票。目前，乡村振兴总市值达 1.49 万亿元，平均市盈率为 93.45、市净率为 2.19、净资产收益率为 1.20%，平均资产负债率为 60.41%。2018 年 10 月，乡村振兴板块的股价调整到相对低点 453.13 元以后便逐波上行（见图 5-1）。

图 5–1　2015 年 11 月至 2023 年 5 月乡村振兴板块指数日 K 走势

课堂总结

1. 了解乡村振兴战略的目的。
2. 了解实施乡村振兴战略的重要性。

第 27 课 乡村振兴战略的总体规划

一、乡村振兴战略目标

2017 年 12 月 29 日，中央农村工作会议首次提出走中国特色社会主义乡村振兴道路。2018 年 1 月 2 日，《中共中央　国务院关于实施乡村振兴战略的意见》（中央一号文件）指出，坚持把解决好“三农”问题作为全党工作重中之重，坚持农业农村优先发展，按照产业兴旺、生态宜居、乡风文明、治理有效和生活富裕的总要求，加快推进农业农村现代化，走中国特色社会主义乡村振兴道路，让农业成为有奔头的产业，让农民成为有吸引力的职业，让农村成为安居乐业的美丽家园。

按照党的十九大提出的决胜全面建成小康社会、分两个阶段实现第二个百年奋斗目标的战略安排，中央农村工作会议和《中共中央　国务院关于实施乡村振兴战略的意见》（中央一号文件）明确了实施乡村振兴战略的目标任务，即实施乡村振兴战略“三步走”（见图 5-2）。

第一步，到 2020 年，乡村振兴取得重要进展，制度框架和政策体系基本形成。

2018 年 9 月，中共中央、国务院印发了《乡村振兴战略规划（2018—2022 年）》，并进一步提出，到 2020 年，乡村振兴的制度框架和政策体系基本形成；到 2022 年，乡村振兴的制度框架和政策体系初步健全。探索形成一批各具特色的乡村振兴模式和经验，乡村振兴取得阶段性成果。

第二步，到 2035 年，乡村振兴取得决定性进展，农业农村现代化基本实现。农业结构得到根本性改善，农民就业质量显著提高，相对贫困进一步缓解，共同富裕迈出坚实步伐；城乡基本公共服务均等化基本实现，城乡融合发展体制机制更加完善；乡风文明达到新高度，乡村治理体系更加完善；农村生态环境根本好转，美丽宜居乡村基本实现。

第三步，到 2050 年，乡村全面振兴，农业强、农村美、农民富全面实现。

“三步走”时间表

图 5-2　乡村振兴“三步走”时间表

二、乡村振兴战略的内容及实现路径

（一）内容

2018 年 3 月 8 日，习近平总书记提出“五个振兴”的科学论断，即乡村产业振兴、乡村生态振兴、乡村文化振兴、乡村组织振兴、乡村人才振兴。这是习近平总书记对实施乡村振兴战略目标和路径的明确指示，必将极大推进乡村振兴工作。具体内容如图 5-3 所示。

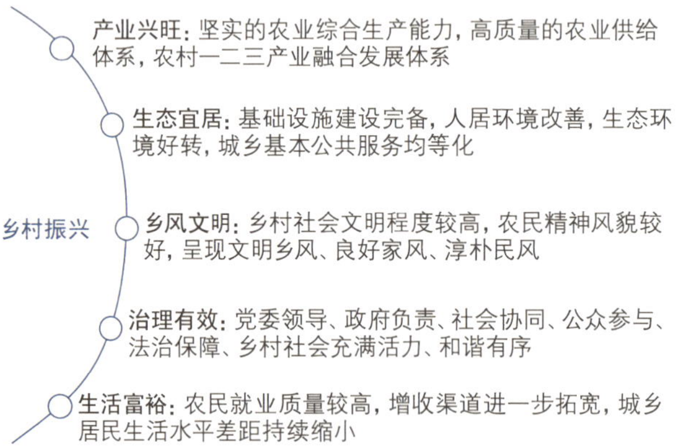

图 5-3　乡村振兴内容

（1）乡村产业振兴。提升农业发展质量，培育乡村发展新动能。乡村振兴，产业兴旺是重点。必须坚持质量兴农、绿色兴农，以农业供给侧结构性改革为主线，加快构建现代农业产业体系、生产体系、经营体系，提高农业创新力、竞争力和全要素生产率，加快实现由农业大国向农业强国转变。夯实农业生产能力基础、实施质量兴农战略、构建农村一二三产业融合发展体系、构建农业对外开放新格局、促进小农户和现代农业发展有机衔接。

（2）乡村生态振兴。乡村振兴，生态宜居是关键。推进乡村绿色发展，打造人与自然和谐共生发展新格局。

（3）乡村文化振兴。乡村振兴，乡风文明是保障。繁荣兴盛农村文化，焕发乡风文明新气象。

（4）乡村组织振兴。乡村振兴，治理有效是基础。加强农村基层基础工作，构建乡村治理新体系，确保乡村社会充满活力、和谐有序。

（5）乡村人才振兴。实施乡村振兴战略，必须破解人才瓶颈制约。要把人力资本开发放在首要位置，汇聚全社会力量，强化乡村振兴人才支撑。

乡村振兴，生活富裕是根本。提高农村民生保障水平，塑造美丽乡村新风貌。

（二）实现路径

（1）必须重塑城乡关系，走城乡融合发展之路。

（2）必须巩固和完善农村基本经营制度，走共同富裕之路。

（3）必须深化农业供给侧结构性改革，走质量兴农之路。

（4）必须坚持人与自然和谐共生，走乡村绿色发展之路。

（5）必须传承发展提升农耕文明，走乡村文化兴盛之路。

（6）必须创新乡村治理体系，走乡村善治之路。

（7）必须打好精准脱贫攻坚战，走中国特色减贫之路。

三、加快推进农业现代化

2021 年中央一号文件《中共中央　国务院关于全面推进乡村振兴加快农业农村现代化的意见》提出，加快推进农业现代化。

（1）提升粮食和重要农产品供给保障能力。地方各级党委和政府要切实扛起粮食安全政治责任，实行粮食安全党政同责。深入实施重要农产品保障战略，完善粮食安全省长责任制和“菜篮子”市长负责制，确保粮、棉、油、糖、肉等供给安全。

（2）打好种业翻身仗。农业现代化，种子是基础。加强农业种质资源保护开发利用，加快第三次农作物种质资源、畜禽种质资源调查收集，加强国家作物、畜禽和海洋渔业生物种质资源库建设。对育种基础性研究以及重点育种项目给予长期稳定支持。

（3）坚决守住 18 亿亩耕地红线。统筹布局生态、农业、城镇等功能空间，科学划定各类空间管控边界，严格实行土地用途管制。落实最严格的耕地保护制度。

（4）强化现代农业科技和物质装备支撑。实施大中型灌区续建配套和现代化改造。到2025年底全部完成现有病险水库除险加固任务。坚持农业科技自立自强，完善农业科技领域基础研究稳定支持机制，深化体制改革，布局建设一批创新基地平台。深入开展乡村振兴科技支撑行动。支持高校为乡村振兴提供智力服务。加强农业科技社会化服务体系建设，深入推行科技特派员制度。

（5）构建现代乡村产业体系。依托乡村特色优势资源，打造农业全产业链，把产业链主体留在县城，让农民更多分享产业增值收益。加快健全现代农业全产业链标准体系，推动新型农业经营主体按标生产，培育农业龙头企业标准“领跑者”。立足县域布局特色农产品产地初加工和精深加工，建设现代农业产业园、农业产业强镇、优势特色产业集群。开发休闲农业和乡村旅游精品线路，完善配套设施。推进农村一二三产业融合发展示范园和科技示范园区建设。

（6）推进农业绿色发展。实施国家黑土地保护工程，推广保护性耕作模式。健全耕地休耕轮作制度。

（7）推进现代农业经营体系建设。突出抓好家庭农场和农民合作社两类农业经营主体发展，鼓励发展多种形式适度规模经营。

四、大力实施乡村建设行动

（1）加快推进村庄规划工作。2021年基本完成县级国土空间规划编制，明确村庄布局分类。积极有序推进“多规合一”实用性村庄规划编制，对有条件、有需求的村庄尽快实现村庄规划全覆盖。对暂时没有编制规划的村庄，严格按照县乡两级国土空间规划中确定的用途管制和建设管理要求进行建设。

（2）加强乡村公共基础设施建设。

（3）实施农村人居环境整治提升五年行动。

（4）提升农村基本公共服务水平。

（5）全面促进农村消费。

（6）加快县域内城乡融合发展。

（7）强化农业农村优先发展投入保障。

课堂总结

1. 了解乡村振兴的战略目标。

2. 了解乡村振兴产业规划的重要性。

3. 了解乡村振兴战略的内容。

第28课 乡村产业发展战略

一、乡村产业规划的重要性

2020年7月9日，农业农村部依据《国务院关于促进乡村产业振兴的指导意见》印发《全国乡村产业发展规划（2020—2025年）》，指出产业兴旺是乡村振兴的重点，是解决农村一切问题的前提，要加快发展以二、三产业为重点的乡村产业，促进乡村全面振兴。

（1）发展乡村产业是乡村全面振兴的重要根基。产业兴旺是乡村振兴的基础。

（2）发展乡村产业是巩固提升全面小康成果的重要支撑。

（3）发展乡村产业是推进农业农村现代化的重要引擎。

发展乡村产业，将现代工业标准理念和服务业人本理念引入农业农村，推进农业规模化、标准化、集约化，纵向延长产业链条，横向拓展产业形态，助力农业强、农村美、农民富。

二、乡村产业发展目标

《全国乡村产业发展规划（2020—2025年）》提出，坚持农业农村优先发展，以实施乡村振兴战略为总抓手，以一、二、三产业融合发展为路径，发掘乡村功能价值，强化创新引领，突出集群成链，延长产业链，提升价值链，培育发展新动能，聚焦重点产业，聚集资源要素，大力发展乡村产业，为农业农村现代化和乡村全面振兴奠定坚实基础。

到2025年，乡村产业体系健全完备，乡村产业质量效益明显提升，乡村就业结构更加优化，产业融合发展水平显著提高，农民增收渠道持续拓宽，乡村产业发展内生动力持续增强。具体表现为：农产品加工业持续壮大，乡村特色产业深度拓展，乡村休闲旅游业优化升级，乡村新型服务业类型丰富，农村创新创业更加活跃。

三、乡村产业发展规划的内容

（一）提升农产品加工业

农产品加工业是国民经济的重要产业。农产品加工业从种养业延伸出来，是提升农产品附加值的关键，也是构建农业产业链的核心。进一步优化结构布局，培育壮大经营主体，提升质量效益和竞争力。

（二）拓展乡村特色产业

乡村特色产业是乡村产业的重要组成部分，是地域特征鲜明、乡土气息浓厚的小众类、多样性的乡村产业，涵盖特色种养、特色食品、特色手工业和特色文化等，发展潜力巨大。

（三）优化乡村休闲旅游业

乡村休闲旅游业是农业功能拓展、乡村价值发掘、业态类型创新的新产业，横跨一二三产业、兼容生产生活生态、融通工农城乡，发展前景广阔。

（四）发展乡村新型服务业

乡村新型服务业是适应农村生产生活方式变化应运而生的产业，业态类型丰富，经营方式灵活，发展空间广阔，包括生产性和生活性服务业，以及农村电子商务等。

（五）推进农业产业化和农村产业融合发展

农业产业化是农业经营体制机制的创新，农村产业融合发展是农业与现代产业要素的交叉重组，引领农业和乡村产业转型升级。

四、乡村产业发展的影响

（一）现状

目前，涉农产业及上市公司包括以下几类：

（1）种植业与林业，包括隆平高科、北大荒等在内的上市公司有 22 家；

（2）养殖业，包括武昌鱼、神农集团在内的上市公司有 27 家；

（3）农产品加工，包括新希望、金龙鱼在内的上市公司有 33 家；

（4）农业服务，包括辉隆股份、海利生物在内的上市公司有 16 家。

涉及的领域几乎都在传统的产业中，新兴产业不多，目前仍处于相对低阶水平上，其上市公司整体情况偏弱，有待加强。

（二）发展及其影响

《全国乡村产业发展规划（2020—2025 年）》指出，坚持立农为农、市场导向、融合发展、绿色引领、创新驱动的发展原则。以一二三产业融合发展为路径，发掘乡村功能价值，强化创新引领，突出集群成链，延长产业链，提升价值链，培育发展新动能，聚焦重点产业，聚集资源要素，大力发展乡村产业。产业延伸方面：第一产业向后端延伸，第二产业向两端拓展，第三产业向高端开发。随着乡村振兴的不断深入，乡村产业发展的空间巨大。

课堂总结

1. 了解乡村产业发展目标。
2. 了解乡村产业发展规划。
3. 了解乡村产业发展的现状及其影响。

第29课 提升农产品加工业

一、提升农产品加工业的重要性

农产品加工业，是指对粮棉油薯、肉禽蛋奶、果蔬茶菌、水产品、林产品和特色农产品等进行工业生产活动的总和。

农产品加工业从种养殖业延伸出来，一头连着农业和农民，一头连着工业和市民，既与农业密不可分，又与工商业紧密相连，具有延长农业产业链、提高农产品附加值和增加农民收入的作用，是构建农业产业链的核心，是带动现代农业发展的“引擎”，是农业现代化的支撑力量和国民经济的重要产业。农产品加工业横跨农业、工业和服务业三大领域，具有投资少、周期短、效益好的特点，是发展中国家工业化初中期应优先发展的产业。我国经济发达地区实践表明，我国有充足的农产品原料和农村剩余劳动力，具有发展农产品加工业的良好基础。目前，我国已进入工业化中期阶段，具备“工业反哺农业”的财力支撑，在此背景下发展农产品加工业是实现农业增效、农村繁荣、农民增收目标的重要举措。农产品加工业将成为21世纪中国农村经济起飞的发展极，也将成为乡村振兴最重要的产业。农产品加工业被称为“离‘三农’最近的产业”“与老百姓最亲的产业”，也被称为“农产品的第二次生命”。

二、农产品加工业存在的问题

当前，农产品加工业发展迅速，已成为国民经济中最具成长活力的产业之一。但我国农产品加工业的总体发展水平仍然偏低，还存在许多问题和不足，具体体现在以下方面。

（1）大而不强。我国农产品加工业产值居世界首位，但中小型企业比重大，自主创新能力弱，质量控制体系不完善，农产品加工业产值与农业产值之比偏低。

（2）集中度不高。我国规模以上企业仅占全部农产品加工企业数量的24%。

（3）自主创新能力弱。我国许多农产品加工企业不仅缺少现代化装备，而且缺乏自主创新意识，同质化现象严重，重引进不重创新，重模仿不重开发，产业高端主体技术与装备仍依靠进口，关键零部件国产化程度低。

（4）产地初加工落后。在农产品商品化处理和初加工环节，农户、专业合作组织和农村小企业加工设施简陋，工艺落后，产后损失大，质量安全隐患突出。

（5）资源利用率偏低，受技术和装备水平的制约，我国农产品加工业物耗、能耗、水耗相对较高，资源利用率低，节能减排压力大。

三、提升农产品加工业发展的措施

（一）发展规划

1. 完善产业结构

统筹发展农产品初加工、精深加工和综合利用加工，推进农产品多元化开发、多层次利用、多环节增值。

（1）拓展农产品初加工。鼓励和支持农民合作社、家庭农场和中小微企业等发展农产品产地初加工，减少产后损失，延长供应时间，提高质量效益。

（2）提升农产品精深加工。引导大型农业企业加快生物、工程、环保、信息等技术集成应用，促进农产品多次加工，实现多次增值。发展精细加工，推进深度开发。

（3）推进综合利用加工。鼓励大型农业企业和农产品加工园区推进加工副产物循环利用、全值利用、梯次利用，实现变废为宝、化害为利，提升增值空间。

2. 优化空间布局

按照“粮头食尾”“农头工尾”要求，统筹产地、销区和园区布局，形成生产与加工、产品与市场、企业与农户协调发展的格局。

（1）推进农产品加工向产地下沉。向优势区域聚集，引导大型农业企业重心下沉，在粮食生产功能区、重要农产品保护区、特色农产品优势区和水产品主产区，建设加工专用原料基地，布局加工产能，改变加工在城市、原料在乡村的状况。

（2）推进农产品加工与销区对接。培育加工业态，发展“中央厨房+冷链配送+物流终端”“中央厨房+快餐门店”“健康数据+营养配餐+私人定制”等新型加工业态。

（3）推进农产品加工向园区集中。推进政策集成、要素集聚、企业集中、功能集合，建设一批产加销贯通、贸工农一体、一二三产业融合发展的农产品加工园区，培育乡村产业“增长极”。促进农产品加工企业聚集发展。

3. 促进产业升级

技术创新是农产品加工业转型升级的关键。要加快技术创新，提升装备水平，促进农产品加工业提档升级。推进加工技术创新，推进加工装备创制。扶持一批农产品加工装备研发机构和生产创制企业，开展信息化、智能化、工程化加工装备研发，提高关键装备国产化水平。运用智能制造、生物合成、3D 打印等新技术，集成组装一批科技含量高、适用性广的加工工艺及配套装备，提升农产品加工层次水平。

（二）主要任务

（1）大力推进农产品产地初加工。依托优势、特色农业产业带，大力发展农产品产地初加工。引导农产品加工企业向产区延伸，促进农产品就地加工转化。

（2）做大做强农产品加工领军企业。引导龙头企业通过兼并、重组、参股、联合等方式，整合资源要素，发展成为规模化、集团化、整体竞争力强的行业领军企业。

（3）加强农产品加工产业集聚园区建设。积极整合和规范发展各类农产品加工产业集聚园区，加快实现加工园区化、园区产业化、产业集聚化。注重发挥产业集聚区整体效率，改善软硬件环境，加强运行机制建设，实现园区内产业的链式构建、企业的规模构建以及公共服务平台的构建。

（4）加快技术进步和自主创新能力提升。

（5）大力加强专用原料基地建设。

（6）积极推进农产品加工标准化体系建设。

（7）努力打造行业管理服务平台。

（三）重点区域布局

（1）粮食生产核心区。

（2）经济作物生产优势区。

（3）养殖产品优势区。

（4）沿海发达地区。

（5）大中城市郊区。

（6）农垦重要农产品生产区。

（7）草原生态区。

这些重点区域布局，将成为投资选择的重要依据。

（四）重点产业发展

（1）粮棉油加工业。

（2）果蔬加工业。

（3）畜产品加工业。

（4）水产品加工业。

（5）特色农产品加工业。

这些产业将是未来乡村振兴的重要产业，也是投资的理想选择。

课堂总结

1. 了解农产品加工业发展的重要性。
2. 了解农产品加工业的发展规划。
3. 了解农产品加工业发展的影响。

第30课 拓展乡村特色产业

一、拓展乡村特色产业的重要性

（一）乡村特色产业的含义

乡村特色产业是乡村产业的重要组成部分，是地域特征鲜明、乡土气息浓厚的小众类、多样性的乡村产业，涵盖特色种养、特色食品、特色手工业和特色文化等，发展潜力巨大。乡村特色产业重点是要把握其特色，具体表现在以下几个方面。

一是乡村资源的特色。比如，自然与人文资源、乡村地域性特征等都决定着一个地方的乡村产业特色。这是因为产业属地特色的突出表现是乡村，根植于乡村资源与环境。

二是产业经营业态的特色。将乡村特色资源打造成乡村特色产业后，其本身的经营业态也是独具特色的，有别于其他产业。

三是用户需求的特色。不同的用户有着不同的需求，而乡村特色产业的目标就是要满足特殊人群或者社会大众的功能化需求，比如，无论是单纯的文化体验，还是养生休闲等，都具有鲜明的用户需求特色。

（二）拓展乡村特色产业的重要性

实施乡村振兴战略，产业兴旺是基础。乡村产业到底兴不兴旺，关键在于其产业有没有特色。按照乡村振兴战略规划，要壮大特色优势产业，以各地资源禀赋和独特的历史文化为基础，有序开发优势特色资源，做大做强优势特色产业；实施产业兴村强县行动，培育农业产业强镇，打造“一乡一业”“一村一品”的发展格局；实施农业品牌提升行动，加快形成以区域公用品牌、企业品牌、大宗农产品品牌、特色农产品品牌为核心的农业品牌格局等。只有拓展乡村特色产业的发展，才能实现乡村产业振兴的战略目标。因此，大力发展特色农业产业对推动乡村产业振兴、增加农民收入具有重要意义。

二、拓展乡村特色产业的措施

（一）构建全产业链

以拓展二、三产业为重点，延伸产业链条，开发特色化、多样化产品，提升乡村特色产业的附加值，促进农业多环节增效、农民多渠道增收。

1. 以特色资源增强竞争力

根据消费结构升级的新变化，开发特殊地域、特殊品种等专属性特色产品，以特性和品质赢得市场；发展特色种养，根据种质资源、地理成分、物候特点等独特资源禀赋，在最适宜的地区培植最适宜的产业；开发特色食品，重点开发乡土卤制品、酱制品、豆制品、腊味、民族特色奶制品等传统食品；传承特色技艺，改造提升蜡染、编织、剪纸、刺绣、陶艺等传统工艺。弘扬特色文化，发展乡村戏剧曲艺、杂技杂耍等文化产业。

2. 以加工流通延伸产业链

做强产品加工，鼓励大型龙头企业建设标准化、清洁化、智能化加工厂，引导农户、家庭农场建设一批家庭工厂、手工作坊、乡村车间，用标准化技术改造提升豆制品、民族特色奶制品、腊肉腊肠、火腿、剪纸、刺绣、蜡染、编织、制陶等乡土产品。做活商贸物流，鼓励地方在特色农产品优势区布局产地批发市场、物流配送中心、商品采购中心、大型特产超市，支持新型经营主体、农产品批发市场等建设产地仓储保鲜设施，发展网上商店、连锁门店。

3. 以信息技术打造供应链

对接终端市场，以市场需求为导向，促进农户生产、企业加工、客户营销和终端消费连成一体、协同运作，增强供给侧对需求侧的适应性和灵活性。实施“互联网+”农产品出村进城工程，完善适应农产品网络销售的供应链体系、运营服务体系和支撑保障体系。创新营销模式，健全绿色智能农产品供应链，培育农商直供、直播直销、会员制、个人定制等模式，推进农商互联、产销衔接，再造业务流程、降低交易成本。

4. 以业态丰富提升价值链

提升品质价值，推进品种和技术创新，提升特色产品的内在品质和外在品相，以品质赢得市场、实现增值；提升生态价值，开发绿色生态、养生保健等新功能新价值，增强对消费者的吸附力；提升人文价值，更多融入科技、人文元素，发掘民俗风情、历史传说和民间戏剧等文化价值，赋予乡土特色产品文化标识。

（二）推进聚集发展

集聚资源、集中力量，建设富有特色、规模适中、带动力强的特色产业集聚区。

打造“一县一业”“多县一带”，在更大范围、更高层次上培育产业集群，形成“一村一品”微型经济圈、农业产业强镇小型经济圈、现代农业产业园中型经济圈、优势特色产业集群大型经济圈，构建乡村产业“圈”状发展格局。

1. 建设“一村一品”示范村镇

依托资源优势，选择主导产业，建设一批“小而精、特而美”的“一村一品”示范村镇，形成一村带数村、多村连成片的发展格局。用 3 ~5 年的时间，培育一批产值超 1 亿元的特色产业专业村。

2. 建设农业产业强镇

根据特色资源优势，聚焦 1 ~2 个主导产业，吸引资本聚镇、能人入镇、技术进镇，建设一批集标准原料基地、集约加工转化、区域主导产业、紧密利益联结于一体的农业产业强镇。用 3 ~5 年的时间，培育一批产值超 10 亿元的农业产业强镇。

3. 提升现代农业产业园

通过科技集成、主体集合、产业集群，统筹布局生产、加工、物流、研发、示范、服务等功能，延长产业链，提升价值链，促进产业格局由分散向集中、发展方式由粗放向集约、产业链条由单一向复合转变，发挥要素集聚和融合平台作用，支撑“一县一业”发展。用 3 ~5 年的时间，培育一批产值超 100 亿元的现代农业产业园。

4. 建设优势特色产业集群

依托资源优势和产业基础，突出串珠成线、连块成带、集群成链，培育品种品质优良、规模体量较大、融合程度较深的区域性优势特色农业产业集群。用 3 ~5 年的时间，培育一批产值超 1000 亿元的骨干优势特色产业集群，培育一批产值超 100 亿元的优势特色产业集群。

（三）培育知名品牌

按照“有标采标、无标创标、全程贯标”要求，以质量信誉为基础，创响一批乡村特色知名品牌，扩大市场影响力。

1. 培育区域公用品牌

根据特定自然生态环境、历史人文因素，明确生产地域范围，强化品种品质管理，保护地理标志农产品，开发地域特色突出、功能属性独特的区域公用品牌。规范品牌授权管理，加大品牌营销推介，提高区域公用品牌影响力和带动力。

2. 培育企业品牌

引导农业产业化龙头企业、农民合作社、家庭农场等新型经营主体将经营理念、企业文化和价值观念等注入品牌，实施农产品质量安全追溯管理，加强责任主体逆向溯源、产品流向正向追踪，推动部省农产品质量安全追溯平台对接、信息共享。

3. 培育产品品牌

传承乡村文化根脉，挖掘一批以手工制作为主、技艺精湛、工艺独特的瓦匠、篾匠、铜匠、铁匠、剪纸工、绣娘、陶艺师、面点师等能工巧匠，创响一批“珍稀牌”“工艺牌”“文化牌”的乡土品牌。

（四）深化产业扶贫

贫困地区发展特色产业是脱贫攻坚的根本出路。促进脱贫攻坚与乡村振兴有机衔接，发展特色产业，促进农民增收致富，巩固拓展脱贫攻坚成果。

1. 推进资源与企业对接

发掘贫困地区优势特色资源，引导资金、技术、人才、信息向贫困地区的特色优势区聚集，特别是要引导农业产业化龙头企业与贫困地区合作创建绿色优质农产品原料基地，布局加工产能，深度开发特色资源，带动农民共建链条、共享品牌，让农民在发展特色产业中稳定就业、持续增收。

2. 推进产品与市场对接

引导贫困地区与产地批发市场、物流配送中心、商品采购中心、大型特产超市、电商平台对接，支持贫困地区组织特色产品参加各类展示展销会，扩大产品影响，让贫困地区的特色产品走出山区、进入城市、拓展市场。深入开展消费扶贫，拓展贫困地区产品流通和销售渠道。

（五）乡村特色产业提升工程

（1）建设“一村一品”示范村镇。到2025年，新认定1000个全国“一村一品”示范村镇。

（2）建设农业产业强镇。到2025年，建设1600个农业产业强镇。

（3）建设现代农业产业园。到2025年，建设300个现代农业产业园。

（4）建设优势特色产业集群。到2025年，建设150个产值超100亿元、30个产值超1000亿元的优势特色产业集群。

（5）培育乡村特色品牌。到2025年，培育2000个“乡字号”“土字号”特色知名品牌，推介1000个全国乡村能工巧匠。

三、乡村特色产业发展的影响

乡村特色产业是乡村产业的重要组成部分，发展潜力巨大。按照党的十九大报告描述的“两个一百年”的发展规划，单一的支柱产业是难以实现经济发展目标的。

因此，产生了中国制造和乡村振兴两大领域的产业发展规划，这对于“两个一百年”战略规划的实现意义重大，对证券投资也意义重大。

课堂总结

1. 了解拓展乡村特色产业的重要性。
2. 了解拓展乡村特色产业的措施。
3. 了解乡村特色产业发展的影响。

第31课 优化乡村休闲旅游业

一、乡村休闲旅游业发展的重要性

（一）乡村休闲旅游业的含义

乡村休闲旅游是以村落、郊野、田园等环境为依托，通过对资源的分析、对比，形成一种具有特色的休闲旅游。乡村休闲旅游业是农业功能拓展、乡村价值发掘、业态类型创新的新产业，横跨一二三产业、兼容生产生活生态、融通工农城乡，发展前景广阔。

我国民族众多，各地自然条件差异很大，各地乡村的生产活动、生活方式及民情风俗、宗教信仰、经济状况各不相同。在我国广大的乡村地区存在着丰富的人文历史资源和生态自然资源，有丰富多彩的乡村风俗民情、有各具特色的乡村自然风光、有充满情趣的乡土文化艺术、有风格迥异的乡村民居建筑、有富有特色的乡村传统劳作等，这些都是发展乡村休闲旅游业的最佳条件，乡村旅游开发和发展存在着巨人的市场和潜力。中国旅游现状的研究表明，目前乡村旅游可分为以下几类：

（1）以乡村风情、民俗民风以及传统文化习俗为主题的乡村旅游；

（2）以农业风光以及田园景观为主的乡村旅游；

（3）以农庄农场为主，包括体验教育的乡村旅游。

总的来说，政府实施的主导型发展战略，为农村发展旅游经济提供了大力支持，旅游资源的开发力度不断加大，基础设施逐步完善，综合效益不断提高，从而大大激发了旅游地农民的积极性，乡村旅游发展呈现大好趋势。

（二）乡村休闲旅游的特点

（1）需求量很大，旅游者寻求差异。随着国内旅游的兴盛，乡村休闲旅游的市场需求逐步增长。城里人希望摆脱高楼峡谷、水泥森林，缓解工作高负荷的压力，对自然向往的需求增长。

（2）与休闲度假旅游具有类似的特点。注重休闲和娱乐、健康身心等需求，同时，乡村休闲旅游很大程度上存在重复消费的特点。

（3）与一般性的度假旅游有不同之处。休闲度假旅游是较观光游更为成熟的旅游类型。一些休闲度假者的可支配收入水平较高，对休闲度假的价格不太敏感，而且休闲度假者偏向于距离较远、时间较长的度假。相比一般性的度假旅游，乡村休闲旅游具有如下特点。

一是乡村休闲旅游针对的主要是周边的城镇市场，旅行距离近，旅游时间短，不同于一般性的中长线休闲度假。

二是旅游者对旅游的价格比较敏感。

三是乡村休闲旅游的市场层次比较分明，需求市场是一个差异化的市场。通常市民活动和农民活动基本是大众化的旅游，属于比较低档的消费；部门活动属于中档消费；企业活动层次较高，属于高档消费。

（三）乡村休闲旅游的重要性

（1）发展乡村休闲旅游业，可以充分利用乡村丰富的旅游资源发展旅游业，实现产业兴旺与生活富裕在乡村的有机结合。发展乡村旅游服务业，可以促进农民转移就业，调整和优化农村产业结构，有效拓展农业功能，延长农业产业链，增加农产品附加价值；同时，乡村休闲旅游为农产品开辟了巨大的消费市场，农副产品实现就地销售，降低了运输成本，提高了生产利润，增加了农民收入，为农民的生活富裕提供了经济保障，为乡村振兴提供了良好的经济基础。

发展乡村休闲旅游业，可以合理、有效地开发农村的自然资源、人文资源，使两者得到同步增值。乡村旅游的开发、运营不是单方面某一产业的服务能解决的，而是全方位的综合发展体系，是为解决游客的“吃、住、行、游、购、娱”构建的战略联盟。在旅游开发运营过程中，以第三产业为主，农业为辅，工业为乡村旅游的发展提供技术支持和维护保障。因此，乡村休闲旅游的开发、运营，是全方位的综合发展工程，是农村经济一二三产业的融合发展，是“产业兴旺”的积极表现形式。

（2）发展乡村休闲旅游业，可以促进城乡融合，增强城乡互动。

（3）发展乡村休闲旅游业，能加强乡村精神文明建设，营造崭新的文明乡风。

（4）发展乡村休闲旅游业，有利于保护乡村生态环境，营造生态宜居的乡村环境。

二、优化乡村休闲旅游业的措施

（一）聚焦重点区域

依据自然风貌、人文环境、乡土文化等资源禀赋，建设特色鲜明、功能完备、内涵丰富的乡村休闲旅游重点区。

（1）建设城市周边乡村休闲旅游区。依托都市农业生产生态资源和城郊区位优势，发展田园观光、农耕体验、文化休闲、科普教育、健康养生等业态，建设综合性休闲农业园区、农业主题公园、观光采摘园、垂钓园、乡村民宿和休闲农庄，满足城市居民消费需求。

（2）建设自然风景区周边乡村休闲旅游区。

（3）建设民俗民族风情乡村休闲旅游区。发掘深厚的民族文化底蕴、欢庆的民俗节日活动、多样的民族特色美食和绚丽的民族服饰，发展民族风情游、民俗体验游、村落风光游等业态，开发丰富的民族民俗特色产品。

（4）建设传统农区乡村休闲旅游景点。依托稻田、花海、梯田、茶园、养殖池塘、湖泊水库等大水面、海洋牧场等田园渔场风光，发展景观农业、农事体验、观光采摘、特色动植物观赏、休闲垂钓等业态，开发“后备箱”“伴手礼”等旅游产品。

（二）注重品质提升

乡村休闲旅游要坚持个性化、特色化发展方向，以农耕文化为魂、以美丽田园为韵、以生态农业为基、以古朴村落为形、以创新创意为径，开发形式多样、独具特色、个性突出的乡村休闲旅游业态和产品。突出特色化、差异化、多样化。

（三）打造精品工程

实施乡村休闲旅游精品工程，加强引导，加大投入，建设一批休闲旅游精品景点。

（1）建设休闲农业重点县。以县域为单元，依托独特自然资源、文化资源，建设一批设施完备、业态丰富、功能完善，在区域、全国乃至世界有知名度和影响力的休闲农业重点县。

（2）建设美丽休闲乡村。依托种养业、田园风光、绿水青山、村落建筑、乡土文化、民俗风情和人居环境等资源优势，建设一批天蓝、地绿、水净、安居、乐业的美丽休闲乡村，实现产村融合发展。鼓励有条件的地区依托美丽休闲乡村，建设健康养生养老基地。

（3）建设休闲农业园区。根据休闲旅游消费升级的需要，促进休闲农业提档升级。

（四）提升服务水平

促进乡村休闲旅游高质量发展，要规范化管理、标准化服务，让消费者玩得开心、吃得放心、买得舒心。健全标准体系、完善配套设施、规范管理服务。

三、乡村休闲旅游精品工程目标

根据《全国乡村产业发展规划（2020—2025 年）》，到 2025 年的乡村休闲旅游精品工程应达到如下目标。

（1）建设休闲农业重点县。到 2025 年，建设 300 个休闲农业重点县，培育一批有知名度、有影响力的休闲农业“打卡地”。

（2）推介中国美丽休闲乡村。到 2025 年，推介 1500 个中国美丽休闲乡村。

（3）推介乡村休闲旅游精品景点线路。到 2025 年，推介 1000 个全国休闲农业精品景点线路。

课堂总结

1. 了解优化发展乡村休闲旅游业的重要性。
2. 了解发展乡村休闲旅游业的措施。

第32课 发展乡村新型服务业

一、发展乡村新型服务业的重要性

（一）乡村新型服务业的含义

乡村服务业，是乡村生产系统中各产业部门组合构成的一个多层次的复合体，是乡村经济结构的重要组成部分。乡村新型服务业是乡村产业与服务业的结合，能够很好地实现乡村一二三产业融合，通常包括农业生产性服务业、农村生活性服务业和农村公共服务业等类型。

农业生产性服务业，就是为农村农业生产提供服务的行业，有植保服务队（合作社）、农机服务队（合作社）、农资经营部、种子销售部等。

农村生活性服务业，是为农民生活提供服务的行业，有农村小卖部、供水、供电、有线电视、电话（含移动）等。

农村公共服务业，是由国家或地方政府、国有企业在农村兴办的服务业，有供水、供电、公共交通、银行、信用社、移动、电信、广播电视等。

三者相互交叉，公共服务包括生产生活服务，但又要非公共服务业的生产生活服务业作为补充。乡村新型服务业是适应农村生产生活方式变化应运而生的产业，业态类型丰富、经营方式灵活、发展空间广阔。

（二）乡村新型服务业的重要性

《国务院关于加快发展服务业的若干意见》指出，应贯彻统筹城乡发展的基本方略，大力发展面向农村的服务业，不断繁荣农村经济，增加农民收入，提高农民生活水平，为发展现代农业，扎实推进社会主义新农村建设服务。加快发展农村服务业，可以吸纳大量的农村剩余劳动力；是促进农村经济发展的重要动力；有利于加快提高农民收入；有利于改善农村居民的生活质量；有利于减少对资源环境的压力。

二、促进乡村新型服务业发展的措施

（一）提升生产性服务业

1. 扩大服务领域

顺应农业生产规模化、标准化、机械化的趋势，支持供销、邮政、农民合作社及乡村企业等，开展农技推广、土地托管、代耕代种、烘干收储等农业生产性服务，以及市场信息、农资供应、农业废弃物资源化利用、农机作业及维修、农产品营销等服务。

2. 提高服务水平

引导各类服务主体把服务网点延伸到乡村，鼓励新型农业经营主体在城镇设立鲜活农产品直销网点，推广农超、农社（区）、农企等产销对接模式。鼓励大型农产品加工流通企业开展托管服务、专项服务、连锁服务、个性化服务等综合配套服务。

（二）拓展生活性服务业

1. 丰富服务内容

改造提升餐饮住宿、商超零售、美容美发、洗浴、照相、电器维修、再生资源回收等乡村生活服务业，积极发展养老护幼、卫生保洁、文化演出、体育健身、法律咨询、信息中介、典礼司仪等乡村服务业。

2. 创新服务方式

积极发展定制服务、体验服务、智慧服务、共享服务、绿色服务等新形态，探索“线上交易+线下服务”的新模式。鼓励各类服务主体建设运营覆盖娱乐、健康、教育、家政、体育等领域的在线服务平台，推动传统服务业升级改造，为乡村居民提供高效便捷服务。

（三）发展农村电子商务

1. 培育农村电子商务主体

引导电商、物流、商贸、金融、供销、邮政、快递等各类电子商务主体到乡村布局，构建农村购物网络平台。依托农家店、农村综合服务社、村邮站、快递网点、农产品购销代办站等发展农村电商末端网点。

2. 扩大农村电子商务应用

在农业生产、加工、流通等环节，加快互联网技术应用与推广。

3. 改善农村电子商务环境

实施“互联网+”农产品出村进城工程，完善乡村信息网络基础设施，加快发展农产品冷链物流设施。

课堂总结

1. 了解乡村新型服务业的内容。
2. 了解发展乡村新型服务业的重要性。
3. 了解发展乡村新型服务业的措施。

乡村新型服务业的发展，不仅对乡村振兴的意义重大，还会增加投资机会，拓展新的投资领域。

第 33 课　质量兴农战略

一、质量兴农战略的重要性

按照乡村振兴战略的规划，实施乡村振兴战略，必须深化农业供给侧结构性改革，走质量兴农之路。只有坚持质量第一、效益优先，推进农业由增产导向转向提质导向，才能不断适应高质量发展的要求，提高农业综合效益和竞争力。围绕推进农业由增产导向转向提质导向，突出农业绿色化、优质化、特色化和品牌化，实现我国由农业大国向农业强国转变。根据乡村振兴战略规划，农业农村部等七部委于 2019 年 2 月联合发布了《国家质量兴农战略规划（2018—2022 年）》。

实施质量兴农战略，实现农业由总量扩张向质量提升转变，是党中央、国务院科学把握我国社会主要矛盾转化和农业发展阶段做出的重大战略决策。

（1）实施质量兴农战略是满足人民群众美好生活需要的重大举措。

（2）实施质量兴农战略是推动国民经济高质量发展的基础支撑。

（3）实施质量兴农战略是实现乡村振兴的有力保障。

（4）实施质量兴农战略是建设农业强国的必由之路。

（5）实施质量兴农战略是促进农民增收致富的有效途径。

质量就是竞争力。一个国家农业强不强，归根结底得用质量来衡量。实施质量兴农战略，做大做强优势特色产业，打造中国农业品牌，探索走出一条中国特色农业现代化道路，有利于提高我国农业竞争力，实现由农业大国向农业强国转变。

二、质量兴农战略的发展目标

（1）到 2022 年，质量兴农制度框架基本建立，初步实现产品质量高、产业效益高、生产效率高、经营者素质高、国际竞争力强，农业高质量发展取得显著成效。

（2）到 2035 年，质量兴农制度体系更加完善，现代农业产业体系、生产体系、经营体系全面建立，农业质量效益和竞争力大幅提升，农业高质量发展取得决定性进展，农业农村现代化基本实现。

三、实施质量兴农战略的措施

（1）制定和实施国家质量兴农战略规划，建立健全质量兴农评价体系、政策体系、工作体系和考核体系。

（2）深入推进农业绿色化、优质化、特色化、品牌化，调整优化农业生产力布局，推动农业由增产导向转向提质导向。推进特色农产品优势区创建，建设现代农业产业园、农业科技园。

（3）实施产业兴村强县行动，推行标准化生产，培育农产品品牌，保护地理标志农产品，打造“一村一品”“一县一业”发展新格局。

（4）加快发展现代高效林业，实施兴林富民行动，推进森林生态标志产品建设工程。

（5）加强植物病虫害、动物疫病防控体系建设。

（6）优化养殖业空间布局，大力发展绿色生态健康养殖，做大做强民族奶业。

（7）统筹海洋渔业资源开发，科学布局近远海养殖和远洋渔业，建设现代化海洋牧场。

（8）建立产学研融合的农业科技创新联盟，加强农业绿色生态、提质增效技术研发应用。

（9）切实发挥农垦在质量兴农中的带动引领作用。

（10）实施食品安全战略，完善农产品质量和食品安全标准体系，加强农业投入品和农产品质量安全追溯体系建设，健全农产品质量和食品安全监管体制，重点提高基层监管能力。

四、质量兴农的重点任务

《国家质量兴农战略规划（2018—2022 年）》提出，坚持问题导向，重点推进农业绿色发展、农业全程标准化、农业全产业链融合、农业品牌培育提升、农产品质量安全水平提升、农业科技创新、高素质人才队伍建设，持续提高农业创新力、竞争力、全要素生产率，打造质量兴农升级版。其重点任务为：

（1）加快农业绿色发展。

（2）推进农业全程标准化。

（3）促进农业全产业链融合。

（4）培育提升农业品牌。

（5）提高农产品质量安全水平。

（6）强化农业科技创新。

（7）建设高素质农业人才队伍

课堂总结

1. 了解质量兴农战略的重要性。
2. 了解实施质量兴农战略的措施及重点任务。

第34课 乡村振兴绿色发展战略

一、乡村振兴绿色发展的重要性

（一）良好的生态环境是人们生活生存的根本

实施乡村振兴战略是党的十九大做出的重大决策部署，乡村振兴是包括产业振兴、人才振兴、文化振兴、生态振兴和组织振兴的全面振兴，这一战略的总要求是产业兴旺、生态宜居、乡风文明、治理有效、生活富裕。其中，生态振兴重在构建乡村振兴的环境基础，良好的生态环境是人们生活生存的根本。

（二）实施乡村振兴绿色发展战略是必由之路

就是要坚持“绿水青山就是金山银山”理念，坚持尊重自然、顺应自然、保护自然，坚持节约优先、保护优先、自然恢复为主，守住自然生态安全边界。

（三）乡村振兴，生态宜居是关键

良好的生态环境是农村的最大优势和宝贵财富，必须尊重自然、顺应自然、保护自然，推动乡村自然资本加快增值，实现百姓富、生态美的统一。

（四）绿色是永续发展的必要条件和人民对美好生活追求的重要体现，同样也是乡村振兴的必然要求

绿色发展下的乡村振兴，要求坚决守住保护和发展两条底线，筑牢生态安全防线，实施绿色振兴，实现生态保护和乡村振兴同步，助力美丽中国梦愿景早日实现。

二、实施乡村振兴绿色发展的措施

（一）增强乡村振兴生态环保意识

增强乡村振兴生态环保意识，把握“绿水青山就是金山银山”理念精髓，加强新时代农村生态文明建设。深入挖掘、继承创新优秀中华农耕文明中乡土生态文化，把保护传承和开发利用结合起来，赋予新的绿色乡村振兴时代内涵。加强绿色乡村振

兴宣传工作，建强用好县级融媒体中心，在乡村深入开展“绿水青山就是金山银山”理念宣讲活动，营造全社会协同推进绿色乡村振兴的浓厚氛围。

（二）持续推进农业绿色产业发展

（1）实施国家黑土地保护工程，推广保护性耕作模式，健全耕地休耕轮作制度。统筹山水林田湖草沙系统治理，把山水林田湖草沙作为一个生命共同体，进行统一保护、统一修复，实施重要生态系统保护和修复工程。

健全耕地草原森林河流湖泊休养生息制度，分类有序退出超载的边际产能。扩大耕地轮作休耕制度试点。

健全水生生态保护修复制度。实行水资源消耗总量和强度双控行动。开展河湖水系连通和农村河塘清淤整治，全面推行河长制、湖长制，加大农业水价综合改革工作力度。

开展国土绿化行动，推进荒漠化、石漠化、水土流失综合治理；强化湿地保护和恢复，继续开展退耕还湿；完善天然林保护制度，把所有天然林都纳入保护范围；扩大退耕还林还草、退牧还草，建立成果巩固长效机制。

继续实施三北防护林体系建设（西北、华北和东北建设的大型人工林业生态工程）等林业重点工程，实施森林质量精准提升工程。继续实施草原生态保护补助奖励政策。实施生物多样性保护重大工程，有效防范外来生物入侵。

（2）持续推进化肥农药减量增效，推广农作物病虫害绿色防控产品和技术，加强畜禽粪污资源化利用。全面实施秸秆综合利用和农膜、农药包装物回收行动，加强可降解农膜研发推广。

（3）加强农产品质量和食品安全监管，发展绿色农产品、有机农产品和地理标志农产品，试行食用农产品达标合格证制度，推进国家农产品质量安全县创建，支持国家农业绿色发展先行区建设。

（4）推进农村人居环境整治提升行动。

（三）加强农村突出环境问题综合治理

（1）开展农业绿色发展行动，实现投入品减量化、生产清洁化、废弃物资源化、产业模式生态化。

（2）推进有机肥替代化肥、畜禽粪污处理、农作物秸秆综合利用、废弃农膜回收、病虫害绿色防控。分类有序推进农村“厕所革命”。加强农村水环境治理和农村饮用水水源保护，实施农村生态清洁小流域建设。

（3）推进重金属污染耕地防控和修复，开展土壤污染治理与修复技术应用试点，加大东北黑土地保护力度。实施流域环境和近岸海域综合治理。

（4）严禁工业和城镇污染向农业农村转移。加强农村环境监管能力建设，落实县乡两级农村环境保护主体责任。深入推进村庄清洁和绿化行动，开展美丽宜居村庄和美丽庭院示范创建活动。

（5）强化多污染物城乡协同控制和协同治理，提升乡村治理的有效性。推进资源总量管理、科学配置、全面节约、循环利用。

（四）建立市场化多元化生态补偿机制

落实农业功能区制度，加大重点生态功能区转移支付力度，完善生态保护成效与资金分配挂钩的激励约束机制。健全地区间、流域上下游之间横向生态保护补偿机制，探索建立生态产品购买、森林碳汇等市场化补偿制度。

（五）增加农业生态产品和服务供给

（1）正确处理开发与保护的关系，运用现代科技和管理手段，将乡村生态优势转化为发展生态经济的优势，提供更多、更好的绿色生态产品和服务，促进生态和经济良性循环。

（2）加快发展森林草原旅游、河湖湿地观光、冰雪海上运动、野生动物驯养观赏等产业，积极开发观光农业、游憩休闲、健康养生、生态教育等服务。

（3）创建一批特色生态旅游示范村镇和精品线路，打造绿色生态环保的乡村生态旅游产业链。

课堂总结

1. 了解乡村振兴绿色发展的重要性。
2. 了解乡村振兴绿色发展的措施。
3. 思考乡村振兴绿色发展对投资的影响。

第35课 乡村文化振兴战略

一、乡村文化振兴的重要性

乡村振兴战略是一个城乡融合、协调推进、产业融合、文化守护和改革创新的国家战略。2018年1月2日，《中共中央　国务院关于实施乡村振兴战略的意见》指出，繁荣兴盛农村文化，焕发乡风文明新气象。乡村振兴是一项涉及经济、政治、文化、生态、社会的系统性工程，乡风文明是乡村振兴的保障，必须坚持物质文明和精神文明一起抓，不断提高乡村社会文明程度。但在城镇化、市场化和现代化的进程中，乡村文化面对城市文化的冲击，日益呈现衰落之势。如果农民对乡村文化失去信心，乡村社会就会丧失文化强有力的支撑，承载着农民美好愿望的乡村振兴是难以实施和实现的。因此，如何重塑乡村文化、建设好乡村文化，成为当下乡村社会发展的核心问题与价值诉求，是实现乡村振兴目标的重要诉求。

（一）乡村文化的历史意义

乡村文化不仅是农村居民的精神之源，也为中华民族留下了丰富的文化遗产。其中，既包括农业生产遗迹、古宅民居、木雕、石刻、剪纸等物质文化遗产，也包括节庆、民俗、礼仪、曲艺等非物质文化遗产。目前，中国农业项目入选全球重要农业文化遗产名录中，在数量和覆盖类型上均居世界首位。它们构成了丰富多彩的中华文明，源源不断地为中华文明提供精神营养，使中华文明以独有的方式屹立于世界民族之林。

（二）乡村文化的现实意义

生态文化是乡村振兴的价值导向。党的十九大报告指出，建设生态文明是中华民族永续发展的千年大计。乡村经济振兴必须依靠乡村产业的发展，将文化内容融入其中，通过乡村文化产业化发展，推动乡村经济发展，是乡村经济振兴的重要途径。而我国乡村文化历史悠久、内容丰富，不仅具有文化价值，而且具有巨大的经济价值，这是现实中可即刻利用的资源。将乡村文化变现，就是未来振兴乡村的重要组成部分。

（三）乡村文化的未来意义

随着城镇化的不断推进，人们担心乡村文化是否会被城市文化所替代。其实，只要乡村社会存在，乡村文化就不会消失，作为中华文化根脉的乡村文化不会被城市文化替代。即使乡村社会变迁，乡村文化也会以新的姿态、新的表现形式应对城市文化的冲击，适应新的环境。乡村振兴战略提出产业兴旺、生态宜居、乡风文明、治理有效、生活富裕的发展目标，这些目标无不与乡村文化有关，乡村文化是乡村振兴实现的灵魂与价值指引。

二、促进乡村文化振兴的措施

（一）传承发展提升农村优秀传统文化

立足乡村文明，汲取城市文明及外来文化优秀成果，在保护传承的基础上，创造性转化、创新性发展，不断赋予时代内涵、丰富表现形式。

（1）切实保护好优秀农耕文化遗产，推动优秀农耕文化遗产合理适度利用。深入挖掘农耕文化蕴含的优秀思想观念、人文精神、道德规范，充分发挥其在凝聚人心、教化群众、淳化民风中的重要作用。

（2）划定乡村建设的历史文化保护线，保护好文物古迹、传统村落、民族村寨、传统建筑、农业遗迹、灌溉工程遗产。

（3）支持农村地区优秀戏曲曲艺、少数民族文化、民间文化等传承发展。

（二）加强农村公共文化建设

（1）按照有标准、有网络、有内容、有人才的要求，健全乡村公共文化服务体系。发挥县级公共文化机构辐射作用，推进基层综合性文化服务中心建设，实现乡村两级公共文化服务全覆盖，提升服务效能。

（2）深入推进文化惠民，公共文化资源要重点向乡村倾斜，提供更多更好的农村公共文化产品和服务。

（3）支持“三农”题材文艺创作生产，鼓励文艺工作者不断推出反映农民生产生活尤其是乡村振兴实践的优秀文艺作品，充分展示新时代农村农民的精神面貌。

（4）培育挖掘乡土文化本土人才，开展文化结对帮扶，引导社会各界人士投身乡村文化建设。

（5）活跃繁荣农村文化市场，丰富农村文化业态，加强农村文化市场监管。

（三）开展移风易俗行动

广泛开展文明村镇、星级文明户、文明家庭等群众性精神文明创建活动。遏制大操大办、厚葬薄养、人情攀比等陈规陋习。加强无神论宣传教育，丰富农民群众精神文化生活，抵制封建迷信活动。深化农村殡葬改革。加强农村科普工作，提高农民科学文化素养。

（四）推动乡村特色文化产业发展

实施乡村文化振兴战略，就是要高度重视乡村文明在中华文明体系中的历史地位和时代价值，培育乡村文化原创力。“记住乡愁”与“实现中国梦”成为中国在守住传统与开拓未来中展翅高飞的两翼。

1. 积极培育和发展乡村文化生产力

实施乡村文化振兴战略，就是要积极培育和发展乡村文化生产力。“绿水青山就是金山银山”，充分挖掘自然资源的文化价值，培育有利于乡村文化生产力要素，推动文化科技、文化企业、文化金融进入乡村文化产业，积极构建乡村文化市场的现代体系，利用多种模式发展乡村文化旅游、特色工艺、节庆会展、表演艺术等传统文化产业，推进乡村文化艺术创作计划，组织大地艺术、花田艺术等自然生态艺术展览，积极拓展具有特色乡土题材的影视、出版等现代文化产业，提升发展文化创意、设计服务的新兴文化产业，实现遗产保护、艺术创作、传媒推广和功能创意的有机融合，打造乡村特色文化产业。

2. 大力拓展乡村文化创新力

实施乡村文化振兴战略，就是要协同构建农村一二三产业融合发展的产业体系和生态系统，大力拓展乡村文化创新力。在发展生态农业和特色文化产业的基础上，积极发展乡村创意农业、特色加工业和特色旅游业等产业。要实施乡村文化振兴战略，推动乡村文化资源向乡村文化经济的创造性转化和创新性发展，实现乡村产业振兴。

课堂总结

1. 了解乡村文化振兴的重要性。
2. 了解乡村文化振兴的措施。

第 36 课　乡村振兴的制度保障

一、乡村振兴保障制度的总体要求

2018 年 1 月 2 日，《中共中央　国务院关于实施乡村振兴战略的意见》提出，推进体制机制创新，强化乡村振兴制度性供给。该意见明确指出，实施乡村振兴战略，必须把制度建设贯穿其中；要以完善产权制度和要素市场化配置为重点，激活主体、激活要素、激活市场，着力增强改革的系统性、整体性、协同性。

二、乡村振兴的制度保障措施

（一）推进体制机制创新，强化乡村振兴制度性供给

1. 巩固和完善农村基本经营制度

落实农村土地承包关系稳定并长久不变政策，衔接落实好第二轮土地承包到期后再延长 30 年的政策，让农民吃上长效“定心丸”。全面完成土地承包经营权确权登记颁证工作，实现承包土地信息联通共享。完善农村承包地“三权”分置制度，在依法保护集体土地所有权和农户承包权前提下，平等保护土地经营权。实施新型农业经营主体培育工程，培育发展家庭农场、合作社、龙头企业、社会化服务组织和农业产业化联合体，发展多种形式适度规模经营。

2. 深化农村土地制度改革

系统总结农村土地征收、集体经营性建设用地入市、宅基地制度改革试点经验，逐步扩大试点，加快土地管理法修改，完善农村土地利用管理政策体系。扎实推进房地一体的农村集体建设用地和宅基地使用权确权登记颁证。完善农民闲置宅基地和闲置农房政策，探索宅基地所有权、资格权、使用权“三权”分置，落实宅基地集体所有权，保障宅基地农户资格权和农民房屋财产权；在符合土地利用总体规划前提下，允许县级政府通过村土地利用规划，调整优化村庄用地布局，有效利用农村零星分散的存量建设用地；预留部分规划建设用地指标用于单独选址的农业设施和休闲旅

游设施等建设。对利用收储农村闲置建设用地发展农村新产业新业态的，给予新增建设用地指标奖励。进一步完善设施农用地政策。

3. 深入推进农村集体产权制度改革

全面开展农村集体资产清产核资、集体成员身份确认，加快推进集体经营性资产股份合作制改革。推动资源变资产、资金变股金、农民变股东，探索农村集体经济新的实现形式和运行机制。研究制定农村集体经济组织法，充实农村集体产权权能。全面深化供销合作社综合改革，深入推进集体林权、水利设施产权等领域改革，做好农村综合改革、农村改革试验区等工作。

4. 完善农业支持保护制度

以提升农业质量效益和竞争力为目标，强化绿色生态导向，创新完善政策工具和手段，扩大“绿箱”政策的实施范围和规模，加快建立新型农业支持保护政策体系。深化农产品收储制度和价格形成机制改革，加快培育多元市场购销主体，改革完善中央储备粮管理体制。通过完善拍卖机制、定向销售、包干销售等，加快消化政策性粮食库存。落实和完善对农民直接补贴制度，提高补贴效能。健全粮食主产区利益补偿机制。探索开展稻谷、小麦、玉米三大粮食作物完全成本保险和收入保险试点，加快建立多层次农业保险体系。

（二）汇聚全社会力量，强化乡村振兴人才支撑

实施乡村振兴战略，必须破解人才瓶颈制约。要把人力资本开发放在首要位置，畅通智力、技术、管理下乡通道，造就更多乡土人才，聚天下人才而用之。大力培育新型职业农民，加强农村专业人才队伍建设，发挥科技人才支撑作用，鼓励社会各界投身乡村建设，创新乡村人才培育引进使用机制。

（三）开拓投融资渠道，强化乡村振兴投入保障

实施乡村振兴战略，必须解决“钱从哪里来”的问题。要健全投入保障制度，创新投融资机制，加快形成财政优先保障、金融重点倾斜、社会积极参与的多元投入格局，确保投入力度不断加大、总量持续增加。

1. 确保财政投入持续增长

建立健全实施乡村振兴战略财政投入保障制度，公共财政更大力度向“三农”倾斜，确保财政投入与乡村振兴目标任务相适应。

2. 拓宽资金筹集渠道

调整完善土地出让收入使用范围，进一步提高农业农村投入比例。严格控制未利用地开垦，集中力量推进高标准农田建设。

3. 提高金融服务水平

坚持农村金融改革发展的正确方向，健全适合农业农村特点的农村金融体系，推动农村金融机构回归本源，把更多金融资源配置到农村经济社会发展的重点领域和薄弱环节，更好满足乡村振兴多样化金融需求。抓紧出台金融服务乡村振兴的指导意见。加大中国农业银行、中国邮政储蓄银行“三农”金融事业部对乡村振兴的支持力度。明确国家开发银行、中国农业发展银行在乡村振兴中的职责定位，强化金融服务方式创新，加大对乡村振兴中长期信贷支持。推动农村信用社省联社改革，保持农村信用社县域法人地位和数量总体稳定，完善村镇银行准入条件，地方法人金融机构要服务好乡村振兴。普惠金融重点要放在乡村。

（四）坚持和完善党对“三农”工作的领导

实施乡村振兴战略是党和国家的重大决策部署，各级党委和政府要提高对实施乡村振兴战略重大意义的认识，真正把实施乡村振兴战略摆在优先位置，把党管农村工作的要求落到实处。

课堂总结

1. 了解乡村振兴保障制度的总体要求。
2. 了解乡村振兴保障制度的措施。

第六章

新兴产业政策分析

第37课 新兴产业发展的重要性

一、新兴产业的概念及特点

（一）概念

新兴产业是随着新的科研成果和新兴技术的诞生并应用而出现的新的经济部门或行业；是关系到国民经济社会发展和产业结构优化升级，具有全局性、长远性、导向性和动态性特征的产业；也是促使国民经济和企业发展走上创新驱动、内生增长轨道的根本途径。

《国务院关于加快培育和发展战略性新兴产业的决定》（国发〔2010〕32号）指出，战略性新兴产业是以重大技术突破和重大发展需求为基础，对经济社会全局和长远发展具有重大引领带动作用，知识技术密集、物质资源消耗少、成长潜力大、综合效益好的产业。

（二）特点

与传统产业相比，新兴产业具有高技术含量、高附加值、资源集约的特点。

新兴产业的特点具体如下。

（1）没有显性需求。当产业处于朦胧阶段时，或者是在超前的五年时间当中，没有可精确的描述。

（2）没有定型的设备、技术、产品以及服务。以太阳能行业为例，20世纪90年代初，生产核心部件，以及服务、技术、产品、市场、模式都是空白，后来才逐渐提升。

（3）没有参照。汽车、冰箱、彩电、计算机等产业，都有国外的大规模引进。太阳能这一产业，国外没有，国内也没有参照，所以，在这种情况下，完全是靠系统创新。

（4）没有政策。国家只要有产业，就有产业政策，包括贷款、科技投入、扶持等各方面都有产业政策，而新兴产业要忍受相当长一段时间的“寂寞”。

（5）没有成熟的上游产业链。上游产业链甚至比下游产业链的技术、水平、保障、体系更强，比如飞机发动机，最起码是在一个水平线上，但是太阳能没有。

二、新兴产业的形成及分类

（一）新技术产业化形成的产业

新技术一开始属于一种知识形态，在发展过程中其成果逐步产业化，最后形成一种产业。比如，生物工程技术在20世纪五六十年代或者更早的时候，只是一项技术，现在却成为生物工程产业，让这些成果服务于社会。在美国，生物工程产业被誉为“一个非常有前景的新兴产业”。同样地，由于数字技术的发展，IT产业也被认为是一个新的朝阳行业。

（二）传统产业经高新技术改造后形成新产业

比如，两百多年前，用蒸汽机技术改造手工纺机，形成纺织行业，使整个纺织行业取得了飞速发展。相对来说，纺织行业在当时就是新兴产业。现在新技术改造传统行业，比如改造钢铁行业，就成了新材料产业，生产复合材料以及抗酸、抗碱、耐磨、柔韧性好的新兴材料。又如，用新技术改造传统的商业，变成现在的物流产业。这些产业改造的核心，是使经济效益比传统产业有较大幅度的提高。

（三）某些社会公益事业行业产业化运作而形成的新产业

在这方面值得研究，哪些事业性行业可以产业化，又如何产业化等，不仅有很多工作需要去做，而且存在一定的争议。比如，文化产业，其中的传媒行业，在国外是一个重要行业，是近二十年来产生百万富翁最多的一个行业。而人们把传媒当作事业来看待，是贴钱的。我们的电影产业，有几十家电影厂，我们在不断地贴钱、不断地拨款。而美国，就一个好莱坞，通过几个大的传媒公司来做，每年赚几十亿甚至上百亿美元。又如，教育产业，教育本是公益事业性的行业，如果产业化运作，就会形成教育产业。另外，还有医疗行业等。但人们对于教育、医疗等行业能否产业化，又如何产业化，争议较多，只是这些争议不在本书的讨论范围内。

三、新兴产业发展的重要性

新兴产业是新建立或是重新塑形的产业。它出现的原因包括，科技创新、新的顾客需求、相对成本结构的改变，或是因为社会与经济上的改变，某项新产品或服务具备开创新事业的机会。战略性强调的是其在国民经济和产业结构调整中的重要性；战略性新兴产业是科技创新最为集中的生产领域，也正是因为其创新性突出，所以具有较高的劳动生产率，处于产业生命周期曲线的成长阶段。

（一）发展战略性新兴产业是我国走新型工业化道路的必经之路

1978 年以来，世界产业大转移，开始由日本、韩国、中国台湾转移至中国大陆，我们有大量并且低廉的劳动力、土地资源等诸多优势，使我国迅速成为世界工厂，我国经济增长实现量和速度的双突破。2000 年后，我国劳动力成本上升，资源匮乏开始显现，特别是环保压力越来越大，我们逐渐丧失了原有的优势，产业转型升级需求迫切，开始由低端制造迈向中高端发展，由传统制造业向新兴产业发展，因此，只有大力发展战略性新兴产业才能实现新型工业化。

（二）发展战略性新兴产业是实现产业转型升级的必要条件

过去，我们的传统产业是沿着粗放型、劳动密集型的道路，为我国经济做出了巨大贡献，但也造成了严重的环境污染和资源浪费。资源短缺压力越来越大，传统产业又产能过剩，目前我国石油对外依存度为 60%、铁矿石对外依存度为 53.6%、精炼铝对外依存度为 52.9%、精炼铜对外依存度为 69%、钾盐对外依存度为 52.4%，五大矿产的对外依存度都超过了 50%。我国能源资源过高的对外依存度，严重影响了我国经济社会发展安全。出现这种情况的主要原因，除了资源短缺外，技术落后，资源利用度极低，浪费严重也是一个重要因素。因此，产业的转型升级迫在眉睫，必须通过发展高端、高新技术和战略性新兴产业才能实现产业的转型升级。

（三）发展战略性新兴产业是面对新的国际竞争形势的必然选择

综观全球，由于科技创新带来产业革命，出现新一轮经济增长。因此，欧美、日韩长期扮演着科技引领及产业带动的角色，我国必须大力发展战略性新兴产业。2008 年国际金融危机之后，大批产业规模缩小，各国都在调整经济增长模式，越来越重视技术创新和高端产业发展，开始将信息网络技术、绿色能源、新材料技术以及生物技术等新兴产业作为重点发展产业。这也是面对新的国际竞争形势做出的必然选择。

（四）发展战略性新兴产业是实现区域协调发展的内在需要

过去，各省份产业规划杂乱无章、各自为政，造成盲目规划、资源浪费及产能过剩。发展战略性新兴产业，可以充分利用各省份资源、区位优势，发挥东部、中部、西部各自发展优势，如东部地区在经济发展、创新、市场环境等诸多方面占据优势地位，适合要求高端技术水平的战略性新兴产业发展，如高端装备制造、新一代信息技术、新能源汽车产业等；针对中部地区失业率较高的情况，可发展就业吸纳能力强的相关产业，如生物产业、新材料产业等，西部地区占据最好的资源优势，可依托这一条件，着重发展新能源、新材料等产业。我国长三角地区是战略性新兴产业发展最好、集聚程度最高的地区：江苏的节能环保产业、高端装备制造、新材料、生物医药等领域均有较好的发展；浙江在节能环保产业领域是仅次于江苏的节能环保产业规模第二大省；上海的节能环保、生物医药、高端装备制造、新材料等领域均有较好发展。

《国务院关于加快培育和发展战略性新兴产业的决定》指出，战略性新兴产业是引导未来经济社会发展的重要力量。发展战略性新兴产业已成为世界主要国家抢占新一轮经济和科技发展制高点的重大战略。我国正处在全面建设小康社会的关键时期，必须按照科学发展观的要求，抓住机遇，明确方向，突出重点，加快培育和发展战略性新兴产业。加快培育和发展战略性新兴产业对推进我国现代化建设具有重要战略意义。一是加快培育和发展战略性新兴产业是全面建成小康社会、实现可持续发展的必然选择。要全面建成小康社会、实现可持续发展，必须大力发展战略性新兴产业，加快形成新的经济增长点，创造更多的就业岗位，更好地满足人民群众日益增长的物质文化需求，促进资源节约型和环境友好型社会建设。二是加快培育和发展战略性新兴产业是推进产业结构升级、加快经济发展方式转变的重大举措。三是加快培育和发展战略性新兴产业是构建国际竞争新优势、掌握发展主动权的迫切需要。

加快培育和发展战略性新兴产业具备诸多有利条件，也面临严峻挑战。必须充分认识加快培育和发展战略性新兴产业的重大意义，进一步增强紧迫感和责任感，抓住历史机遇，加大工作力度，加快培育和发展战略性新兴产业。坚持创新发展，将战略性新兴产业加快培育成为先导产业和支柱产业。

课堂总结

1. 了解新兴产业的含义。
2. 了解新兴产业发展的重要性。

近年来，股票市场中，表现最好的莫过于新兴产业类股票，比如，节能环保、新材料、新能源等，而且在未来相当长时间，新兴产业的发展都将成为股票市场投资选择的主流。

第38课 新兴产业发展规划

一、新兴产业发展的背景

2008年，国际金融危机爆发，使世界经济遭受了20世纪大萧条以来最为严重的挑战，迫切需要振兴和发展实体经济。

2009年9月21日和22日，国务院召开三次新兴战略性产业发展座谈会，听取经济、科技专家的意见和建议。

2009年11月3日，温家宝在人民大会堂向首都科技界发表题为《让科技引领中国可持续发展》的讲话。温家宝强调，科学选择新兴战略性产业非常重要，选对了就能跨越发展，选错了将会贻误时机。我国发展新兴战略性产业，具备一定的比较优势和广阔的发展空间，完全可以有所作为。

2010年9月8日，国务院常务会议召开，审议并原则通过《国务院关于加快培育和发展战略性新兴产业的决定》。会议指出，加快培育和发展以重大技术突破、重大发展需求为基础的战略性新兴产业，把战略性新兴产业培育成为国民经济的先导产业和支柱产业。

二、新兴产业发展规划

（一）《国务院关于加快培育和发展战略性新兴产业的决定》（国发〔2010〕32号）

1. 重点发展七大新兴产业

节能环保产业、新一代信息技术产业、生物产业、高端装备制造产业、新能源产业、新材料产业、新能源汽车产业七大产业构成新兴产业框架。

2. 新兴产业发展目标

（1）到2015年，形成健康发展、协调推进的基本格局，对产业结构升级的推动作用显著增强，战略性新兴产业增加值占GDP的比重力争达到8%左右。

（2）到2020年，战略性新兴产业增加值占GDP的比重力争达到15%左右，吸纳、带动就业能力显著提高。节能环保、新一代信息技术、生物、高端装备制造产业成为国民经济的支柱产业，新能源、新材料、新能源汽车产业成为国民经济的先导产业；创新能力大幅提升，掌握一批关键核心技术，在局部领域达到世界领先水平；形成一批具有国际影响力的大企业和一批创新活力旺盛的中小企业；建成一批产业链完善、创新能力强、特色鲜明的战略性新兴产业集聚区。

（3）再经过十年左右的努力，战略性新兴产业的整体创新能力和产业发展水平达到世界先进水平，为经济社会可持续发展提供强有力的支撑。

（4）坚持创新发展，将战略性新兴产业加快培育成为先导产业和支柱产业。

（二）《战略性新兴产业重点产品和服务指导目录》（2016年版）

根据《国务院关于加快培育和发展战略性新兴产业的决定》（国发〔2010〕32号），国家发展改革委会同科技部、工业和信息化部、财政部等有关部门和地方发展改革委，在相关研究机构、行业协会和专家学者建议，并公开征求社会各方面意见的基础上，研究起草了《战略性新兴产业重点产品和服务指导目录》。

依据《国务院关于加快培育和发展战略性新兴产业的决定》（国发〔2010〕32号）确定的七大产业、24个发展方向，进一步细化到近3100项细分的产品和服务，其中，节能环保产业约740项、新一代信息技术产业约950项、生物产业约500项、高端装备制造产业约270项、新能源产业约300项、新材料产业约280项、新能源汽车产业约60项。由此构成的新兴产业体系如下。

1. 节能环保产业

节能环保产业包括高效节能产业、先进环保产业、资源循环利用产业。

2. 新一代信息技术产业

新一代信息技术产业包括下一代信息网络产业、电子核心基础产业、高端软件和新兴信息服务产业。

3. 生物产业

生物产业包括生物医药产业、生物医学工程产业、生物农业产业、生物制造产业。

4. 高端装备制造产业

高端装备制造产业包括航空装备产业、卫星及应用产业、轨道交通装备产业、海洋工程装备产业、智能制造装备产业。

5. 新能源产业

新能源产业包括核电技术产业、风能产业、太阳能产业、生物质能产业。

6. 新材料产业

新材料产业包括新型功能材料产业、先进结构材料产业、高性能复合材料产业。

7. 新能源汽车产业

新能源汽车产业包括纯电动汽车和插电式混合动力汽车。

（三）《战略性新兴产业分类（2018）》

国家统计局根据《国务院关于加快培育和发展战略性新兴产业的决定》（国发〔2010〕32号）的要求，为准确反映国家战略性新兴产业发展规划情况，满足统计上测算战略性新兴产业发展规模、结构和速度的需要，制定本分类。本分类规定的战略性新兴产业是以重大技术突破和重大发展需求为基础，对经济社会全局和长远发展具有重大引领带动作用，知识技术密集、物质资源消耗少、成长潜力大、综合效益好的产业，包括新一代信息技术产业、高端装备制造产业、新材料产业、生物产业、新能源汽车产业、新能源产业、节能环保产业、数字创意产业、相关服务业等九大领域。

1. 新一代信息技术产业

新一代信息技术产业包括下一代信息网络产业，电子核心产业，新兴软件和新型信息技术服务，互联网与云计算、大数据服务，人工智能。

2. 高端装备制造产业

高端装备制造产业包括智能制造装备产业、航空装备产业、卫星及应用产业、轨道交通装备产业、海洋工程装备产业。

3. 新材料产业

新材料产业包括先进钢铁材料、先进有色金属材料、先进石化化工新材料、先进无机非金属材料、高性能纤维及制品和复合材料、前沿新材料、新材料相关服务。

4. 生物产业

生物产业包括生物医药产业、生物医学工程产业、生物农业及相关产业、生物质能产业。

5. 新能源汽车产业

新能源汽车产业包括新能源汽车整车制造，新能源汽车装置，配件制造，新能源汽车相关设施制造，新能源汽车相关服务。

6. 新能源产业

新能源产业包括核电产业、风能产业、太阳能产业、生物质能及其他新能源产业、智能电网产业。

7. 节能环保产业

节能环保产业包括高效节能产业、先进环保产业、资源循环利用产业。

8. 数字创意产业

数字创意产业包括数字创意技术设备制造、数字文化创意活动、设计服务、数字创意与融合服务。

9. 相关服务业

相关服务业包括新技术与创新创业服务、其他相关服务。

（四）我国战略性新兴产业发展方向布局

根据七大新兴产业和统计分类，整理我国战略性新兴产业发展方向布局。

七大新兴产业领域分布见图 6-1。

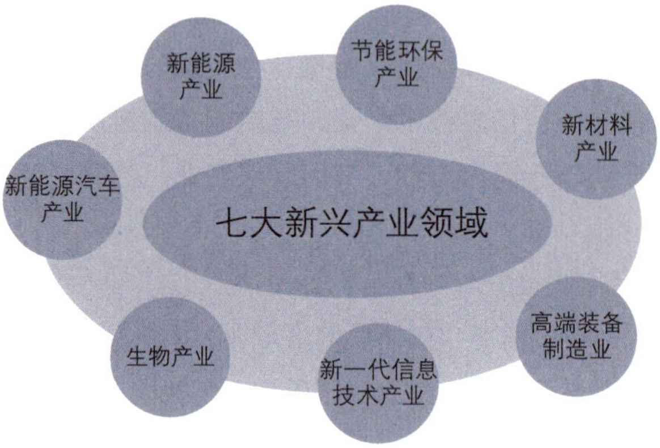

图 6-1　七大新兴产业领域分布

新兴产业具体内容见图 6-2。

新一代信息技术产业
·物联网 ·通信设备 ·智能联网汽车 ·天地一体化信息网络 ·集成电路 ·操作系统与工业软件 ·智能制造核心信息设备

生物产业	
生物医药	·疾病预防 ·早期诊断 ·治疗技术与药物 ·康复及再造 ·中医药
生物制造	·能源生物炼制 ·化工与材料的生物制造 ·生物反应器及装备技术

新材料产业
·先进无机非金属材料 ·重大工程用先进金属材料 ·高分子及复合材料 ·高性能稀土材料 ·新能源与节能环保材料 ·信息功能材料 ·高端生物医用材料 ·前沿新材料与材料基因工程

数字创意产业	
数字创意技术装备	·高清产业 ·VR/AR产业 ·数字内容生产和创新设计软件
数字内容创新	·数字文化内容创作 ·智能内容生产平台 ·文化资源转换
创新设计	·制造业创新设计 ·服务业创新设计 ·人居环境创新设计

高端装备制造产业					
航空装备	·大型客机 ·军用战斗机 ·军用大型运输机 ·支线飞机 ·通用飞机和直升机 ·航空发动机 ·航空设备	海洋装备	·海洋油气开发装备 ·高技术船舶 ·海洋资源开发装备 ·中高冰级装备 ·海洋环境立体观测装备与技术体系	智能制造装备	·航天航空及航空发动机制造工艺装备 ·新型舰船及深海探测等海工关键制造工艺装备 ·新能源汽车变速箱关键零部件加工成套装备及生产线 ·国家重点领域急需的超精密加工装备
航天装备	·卫星遥感系统 ·卫星通信系统 ·卫星导航授时系统	民生装备	·农业装备 ·食品装备 ·纺织装备 ·医疗装备		

绿色低碳产业	
能源新技术	·煤炭清洁高效利用产业 ·非常规天然气产业 ·综合能源服务产业 ·核能产业 ·风电、太阳能光电、地热等产业
节能环保	·节能产业 ·环保产业 ·资源循环利用产业
新能源汽车	·整车集成 ·动力电池、燃料电池 ·电机驱动、智能网联

图 6-2　新兴产业具体内容

课堂总结

1. 了解新兴产业发展的背景。
2. 了解新兴产业发展的战略规划。

第39课 节能环保产业

一、节能环保产业发展的重要性

（一）节能环保产业发展背景

节能环保产业，是指为节约能源资源、发展循环经济、保护环境提供技术基础和装备保障的产业，主要包括节能产业、资源循环利用产业和环保装备产业，涉及节能环保技术与装备、节能产品和服务等。节能环保产业是一个跨产业、跨领域、跨地域，与其他经济部门相互交叉、相互渗透的综合性新兴产业。

早在2009年国务院首次提出发展战略性新兴产业时，节能环保产业就是战略性新兴产业之一；2010年，《国务院关于加快培育和发展战略性新兴产业的决定》发布，节能环保产业作为七大战略性新兴产业之首，被视为拉动经济增长的新引擎。

“十二五”期间，国务院连续发布了《“十二五”国家战略性新兴产业发展规划》和《“十二五”节能环保产业发展规划》等多个文件，促进绿色经济产业链的形成与发展，推动节能环保产业快速发展。经过几年的发展，节能环保产业总产值已经从2010年的2万亿元增长到2015年底的4.5万亿元，涌现出70余家年营收入超过10亿元的龙头企业，为我国经济发展和生态文明建设发挥了重要的支撑作用。

“十三五”时期，绿色发展上升成为五大发展理念之一，《“十三五”节能环保产业发展规划》的发布，进一步表明国家加快推动绿色发展的战略意图。

（二）节能环保产业发展的重要性

节能环保产业的发展，是人类在经济发展过程中面对日益严重的生存危机和能源危机的现实选择。20世纪80年代提出一个新的发展观，即可持续发展，其理念可追溯至20世纪60年代的《寂静的春天》、“太空飞船理论”和罗马俱乐部等。1989年5月举行的第十五届联合国环境署理事会期间，经过反复磋商，通过了《关于可持续发展的声明》。1994年7月4日，国务院批准了我国第一个国家级可持续发展战略——《中国21世纪议程——中国21世纪人口、环境与发展白皮书》。可持续发展的核心思想是，经济发展与保护资源和保护生态环境协调一致，让子孙后代能够享受充分的资源和良好的资源环境。因此，节能环保产业发展的意义重大：有利于建设节约型社会，实现可持续发展；有利于增强节约资源和保护环境的意识；有利于增强投资吸引力和经济竞争力实现转型跨越；有利于中华民族伟大复兴，是利国利民并关系到千秋万代的政策。可见，节能环保产业的发展具有战略性的政策导向。

二、节能环保产业发展规划

（一）总体要求

《国务院关于加快培育和发展战略性新兴产业的决定》指出，重点开发推广高效节能技术装备及产品，实现重点领域关键技术突破，带动能效整体水平的提高；加快资源循环利用关键共性技术研发和产业化示范，提高资源综合利用水平和再制造产业化水平；示范推广先进环保技术装备及产品，提升污染防治水平；推进市场化节能环保服务体系建设；加快建立以先进技术为支撑的废旧商品回收利用体系，积极推进煤炭清洁利用、海水综合利用。

（二）具体规划

1.“十二五”节能环保产业发展规划

（1）节能产业重点领域：节能技术和装备、节能产品、节能服务。

（2）资源循环利用产业重点领域：矿产资源综合利用、固体废物综合利用、再制造、再生资源利用、餐厨废弃物资源化利用、农林废物资源化利用、水资源节约与利用。

（3）环保产业重点领域：环保技术和装备、环保产品、环保服务。

2.“十三五”节能环保产业规划

经过“十二五”的发展，我国节能环保产业取得了显著成效：产业规模快速扩大，2015年产值约4.5万亿元；技术装备水平大幅提升；产业集中度明显提高，涌现出70余家年营业收入超过10亿元的节能环保龙头企业，形成了一批节能环保产业基地。但是，我国节能环保产业的发展还存在不少困难和问题。针对这些困难和问题，我国制定了“十三五”节能环保产业规划。

（1）提升技术装备供给水平。加大研发投入力度，加强核心技术攻关，推动跨学科技术创新，促进科技成果加快转化，开展绿色装备认证评价，淘汰落后供给能力，着力提高节能环保产业供给水平，全面提升装备产品的绿色竞争力，包括节能技术装备、环保技术装备和资源循环利用技术装备。

（2）创新节能环保服务模式。深入推进节能环保服务模式创新，培育新业态，拓展新领域，凝聚新动能，提高服务专业化水平，充分激发节能环保市场活力，包括节能节水服务、环境污染第三方治理、环境监测和咨询服务、资源循环利用服务。

（3）培育壮大市场主体。以节能环保企业为重点，以产业园区为依托，以第三方机构为有益补充，推动市场主体形成良性互动、协同发展的共生关系，培育节能环保产业的生力军。

（4）激发节能环保市场需求。以实施节能环保和资源循环利用重大工程、推广绿色产品、培育绿色消费习惯等方式，有力刺激市场对节能环保产品和服务的需求，全面扩展产业发展空间，包括强化重大工程需求牵引、完善绿色产品推广机制、着力培育绿色消费文化。

（5）规范优化市场环境。发挥市场的决定性作用，加强规范引导，拓展市场空间，建立统一开放、竞争充分、规范有序的市场体系，营造有利于产业提质增效的市场环境。

（6）完善落实保障措施。加强财税价格金融等政策的引导支持，依托国家重大对外战略拓展国际合作，培育高素质人才队伍，为产业发展提供有力保障。

三、节能环保产业在资本市场的表现

截止到 2024 年，我国节能环保领域的上市公司达到 200 多家，如双良节能、中材节能、华光环能、绿色动力、伟明环保、复洁环保、北清环能、高能环境、南大环境、盛剑环境等。

节能环保（885563）板块：自 2015 年达到最高 3439.713 点后调整下行，到 2018 年 10 月达到阶段性最低 1069 点，之后震荡上行，截至 2023 年 11 月，达到 2300 点左右（见图 6–3）。

图 6–3　2014 年 5 月至 2023 年 11 月节能环保板块指数日 K 走势

高能环境（603588）：一家从事固体废物污染防治技术研究和应用的高新技术企业上市公司，上市后一路上行，2015 年 6 月达到 23.54 元；之后调整下行，2018 年 10 月达到阶段性低点 5.64 元；之后震荡上行，于 2021 年达到高点 18.18 元后又一路震荡下行（见图 6-4）。

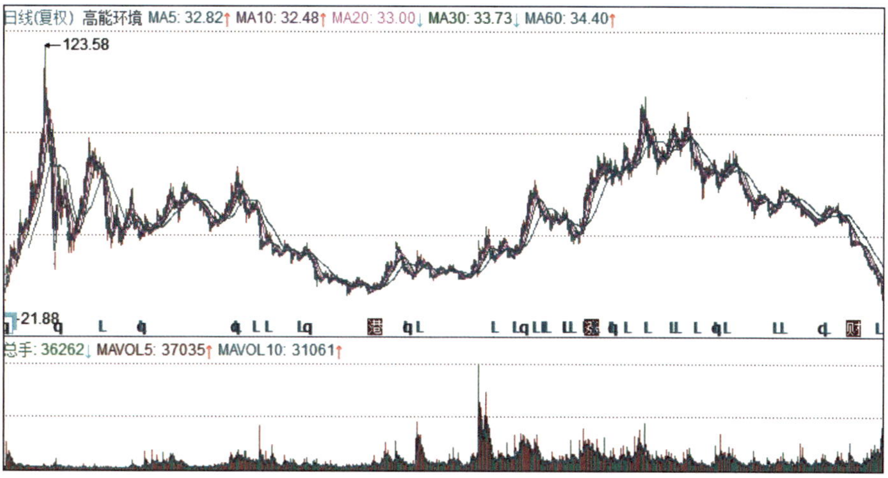

图 6-4　2014 年 12 月至 2024 年 2 月高能环境股价日 K 走势

课堂总结

1. 了解节能环保产业发展的重要性。
2. 了解节能环保产业在资本市场的表现。

绿色节能环保产业是战略性新兴产业，大力发展环保产业，是保障经济高质量发展和维持生态环境高水平的重要举措。寻找节能环保产业的优质股票投资，必定会带来丰厚的投资回报。

第 40 课 新一代信息技术产业

一、新一代信息技术产业发展的特点

（一）新一代信息技术产业的特点

新一代信息技术产业是《国务院关于加快培育和发展战略性新兴产业的决定》确定的七大战略性新兴产业之一。信息技术产业建立在现代科学理论和科学技术基础之上，采用了先进的理论和通信技术，是一门具有高科技性质的服务性产业。信息产业通过它的活动使经济信息的传递更加及时、准确、全面，有利于各产业提高劳动生产率；加快了科学技术的传递速度，缩短了科学技术从创制到应用于生产领域的距离；推动了技术密集型产业的发展，有利于国民经济结构上的调整，对整个国民经济的发展意义重大。

1. 数字化

数字化为社会信息化奠定基础，其发展趋势是社会的全面数据化；网络化为信息传播提供物理载体，其发展趋势是信息物理系统的广泛采用，本质上讲，信息物理系统是一个具有控制属性的网络；智能化体现信息应用的层次与水平，其发展趋势是新一代人工智能。

数字化，是指将信息载体（文字、图片、图像、信号等）以数字编码形式进行储存、传输、加工、处理和应用的技术途径。数字化本身指的是信息表示与处理方式，但本质上强调的是信息应用的计算机化和自动化。数字化正从计算机化向数据化发展，这是当前社会信息化最重要的趋势之一。

2. 网络化

互联网已经成为人们获取信息、交换信息、消费信息的主要方式。但互联网关注的只是人与人之间的互联互通，以及由此带来的服务与服务的互联。物联网是互联网的自然延伸和拓展，它通过信息技术将各种物体与网络相连，帮助人们获取所需物体的相关信息。互联网实现了人与人、服务与服务之间的互联，而物联网实现了人、物、服务之间的交叉互联。

3. 智能化

智能化反映信息产品的质量属性。我们说一个信息产品是智能的，通常是指这个产品能完成有智慧的人才能完成的事情，或者已经达到人类才能达到的水平。智能一般包括感知能力、记忆与思维能力、学习与自适应能力、行为决策能力等。所以，智能化是使对象具备灵敏准确的感知功能、正确的思维与判断功能、自适应的学习功能、行之有效的执行功能等。

（二）新一代信息技术产业与传统产业相比的新特点

（1）科技的力量在产业与资本市场显现出强大的动力。信息技术改变了生产要素的投入量与投入比例、生产组织与经营模式等，引起了经济结构比例的调整。

（2）技术与产业重心在变化：信息技术的粘连与融合性在增强。新一轮科技革命与过去不同，它不是以一种主导产品或主导技术为基础，而是以具有革命性的发展价值观为指引，以在几乎所有领域都发生的技术创新为特征；它不是发生在一个或若干个技术领先的领域，而是一种全球化的广泛过程；它不是简单地从生产领域发起，而是迅速地遍布生产、社会、消费、投资的一种集体行动。

（3）强调信息技术的融合性。以云计算、大数据为代表的新一代信息技术，正在推动信息产业进入新的发展阶段。目前，高技术合成材料如碳纤维、石墨烯、纳米、新工业蓄电池等各种新型材料不断涌现，并已经广泛应用于汽车、航空、通信设备、家电等行业。信息技术的特性将带动信息产业向纵深发展。

（4）信息技术引发新一轮的信息革命。新一代信息技术产业与既有的信息与通信技术产业存在密切的关系。既有的信息与通信技术产业是新一代信息与通信技术产业发展的基础，随着基于纳米技术的量子器件、“自旋晶体管”等的发明，多内核、计算机同步数据技术 SAS、服务器技术的虚拟化、刀片化、智能化成为计算机技术的重要发展方向，与物联网、云计算等信息技术融合在一起正在引发新一轮的信息革命，向环保化、效能化、微小化及应用更多样化的方向迈进。

二、新一代信息产业发展的重要性

（一）新一代信息技术体现未来科学技术发展的大趋势

新一代信息技术是第三次工业革命的骨架和灵魂，是创新最活跃、带动力最强、渗透性最广的战略性技术，已经成为世界各国抢占未来科技和产业发展先机、确立竞争新优势的战略制高点。为了应对国际金融危机，各国政府部门都非常重视新一轮战略性新兴产业的培育，纷纷对此进行研究，力图从总体上把握世界科学技术发展的大趋势，超前布局，抢占未来技术创新和产业发展的制高点。

（二）新一代信息技术的广泛应用对经济发展的带动作用巨大

新一代信息技术涵盖技术多、应用范围广，与传统行业结合的空间大，在经济发展和产业结构调整中的带动作用将远远超出本行业的范畴。因此，国务院将新一代信息技术确立为七大战略性新兴产业之一。

（三）新一代信息技术产业对整个经济的发展起到积极推动作用

每一次大危机，都会催生一些新技术，而新技术的诞生也是使经济，特别是工业走出危机的巨大推动力。新一代信息技术，包括物联网在内，会对我国整个经济起到积极推动作用。以物联网为例，物联网的产业链条很长，涉及的行业包括传感器、芯片业、设备制造业及软件应用等，而物联网带来的全球第三次信息化浪潮，将拉动集成电路市场需求的增长，也将推动芯片与传感器、芯片与系统的融合，带动全产业链的发展。

三、新一代信息技术产业发展规划

（一）新一代信息技术产业的内容

新一代信息技术产业是《国务院关于加快培育和发展战略性新兴产业的决定》确定的七大战略性新兴产业之一。发展新一代信息技术产业的主要内容如下。

《国务院关于加快培育和发展战略性新兴产业的决定》指出，加快建设宽带、泛在、融合、安全的信息网络基础设施，推动新一代移动通信、下一代互联网核心设备和智能终端的研发及产业化，加快推进三网融合，促进物联网、云计算的研发和示范应用。着力发展集成电路、新型显示、高端软件、高端服务器等核心基础产业。提升软件服务、网络增值服务等信息服务能力，加快重要基础设施智能化改造。大力发展数字虚拟等技术，促进文化创意产业发展。

2018 年国家统计局的分类目录中将新一代信息技术产业划分为：下一代信息网络产业、电子核心产业、新兴软件和新型信息技术服务、互联网与云计算大数据服务、人工智能。

概括起来，新一代信息技术分为六个行业：下一代通信网络（5G）、物联网、三网融合、新型平板显示、高性能集成电路和以云计算为代表的高端软件（见图 6-5）。

1. 下一代通信网络（5G）

下一代通信网络，是指一个建立在 IP 技术基础上的新型公共电信网络，能够容纳各种形式的信息，在统一的管理平台上，实现音频、视频、数据信号的传输和管理，提供各种宽带应用和传统电信业务，是一个真正实现宽带窄带一体化、有线无线

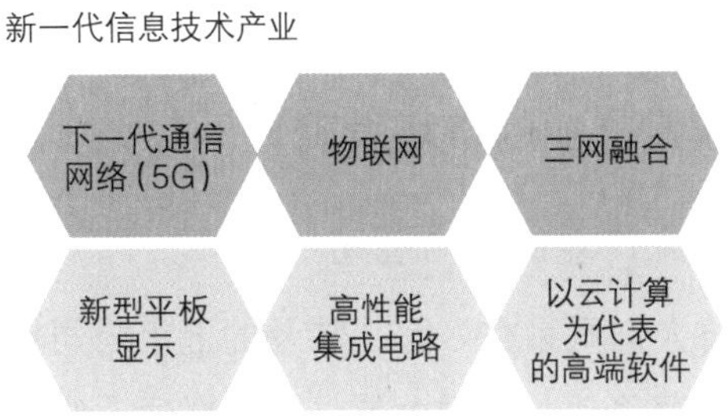

图6-5　新一代信息技术产业的内容

一体化、有源无源一体化、传输接入一体化的综合业务网络。其运用广泛，发展前景好。

2. 物联网

物联网是通过射频识别、红外感应器、全球定位系统、激光扫描器等信息传感设备，按约定的协议把需要联网的物品与网络连接起来，进行信息交换和通信，以实现智能化识别、定位、跟踪、监控和管理的一种网络。

3. 三网融合

三网融合是电信网、互联网和电视网三大网络通过信息技术完美地融合在一起，发挥更大的价值和作用。

4. 新型平板显示

新型平顶显示是在21世纪全球新兴的一种新型技术，包括TFT-LCD以及PDP等相关技术的应用。

5. 高性能集成电路

高性能集成电路在当下很多行业应用比较广泛，例如，大数据以及各种智能设备等。

6. 以云计算为代表的高端软件

高端软件包括的比较多，主要有一些社交软件，以及各个行业的App等。也正是因为有了各种高端软件的存在，我们的生活变得更加便利。

（二）新一代信息技术产业发展政策

2015年5月，国务院发布了《中国制造2025》。

2015年7月，国务院发布了《国务院关于积极推进“互联网+”行动的指导意见》。

2016年5月，国务院发布了《关于深化制造业与互联网融合发展的指导意见》。

2016年8月，国务院发布了《促进大数据发展行动纲要》。

2017年1月，工业和信息化部发布了《软件与信息技术服务业发展规划（2016—2020年）》。

2017 年 7 月，国务院发布了《新一代人工智能发展规划》。

四、新一代信息技术产业的市场表现

（一）新一代信息技术产业的上市公司

信息技术横跨时空将人们联系在一起，涉及的上市公司较多。

通信服务类公司：中国移动、中国电信、中国联通、纵横通信、线上线下、中国国脉、中贝通信等。

3G 以上领域的公司：上海普天、广电信息、华胜天成、振华科技、烽火通信、航天通信、三维通信、中天科技、联创光电、中兴通讯、中创信测、长园集团、武汉凡谷、浪潮软件、上海贝岭、亿阳信通、新大陆、长江通信、光迅科技、东信和平等。

3D 领域的公司：得润电子、利达光电、奥飞动漫、中视传媒、宁波 GQY、出版传媒、华谊兄弟、海信电器、四川长虹、TCL 集团等。

物联网领域的公司：大华股份、远望谷、赛为智能、金证股份、合众思壮、歌尔声学、太工天成、四维图新、北斗星通、上海贝岭、厦门信达、大立科技、东信和平等。

三网融合领域的公司：粤传媒、永鼎股份、拓维信息、中天科技、北纬通信、电广传媒、天威视讯、华闻传媒、出版传媒、博瑞传播、同方股份、二六三等。

移动支付领域的公司：长电科技、大唐电信、浙大网新、南天信息、新大陆、生意宝、恒宝股份、康强电子、证通电子、卫士通、焦点科技、国民技术、乐视网等。

高性能集成电路公司：国民技术、思瑞浦、力芯微、力合微、芯明微、瑞芯微、富满微、卓胜微、国科微、格科微、复旦微电、东芯股份、国芯科技、明微电子、艾为电子、中芯国际等。

高端软件类公司：同花顺、深信服、瑞思软件、用友网络、三维天地、顶点软件、网达软件、中望软件、容百科技、中微公司、安集科技、芯导科技等。

（二）新一代信息技术产业的市场表现

通信服务：2015 年达到 8832.17 点的高点（见图 6-7）。

云计算：2015 年达到 5119.62 点的高点（见图 6-8）。

瑞芯微：集成电路，2021 年一季报显示其每股收益 1.45 元，每股净资产 6.83 元，市净率 11 倍。股票在 2020 年 2 月上市后一路上行，在 2021 年 7 月最高达到每股 185.98 元（见图 6-9）。

中国移动：2023 年 11 月 10 日数据显示，其每股收益 4.94 元，每股净资产

图 6-7　2007 年 8 月至 2023 年 11 月通信服务板块指数日 K 走势

图 6-8　2011 年 7 月至 2023 年 11 月云计算板块指数日 K 走势

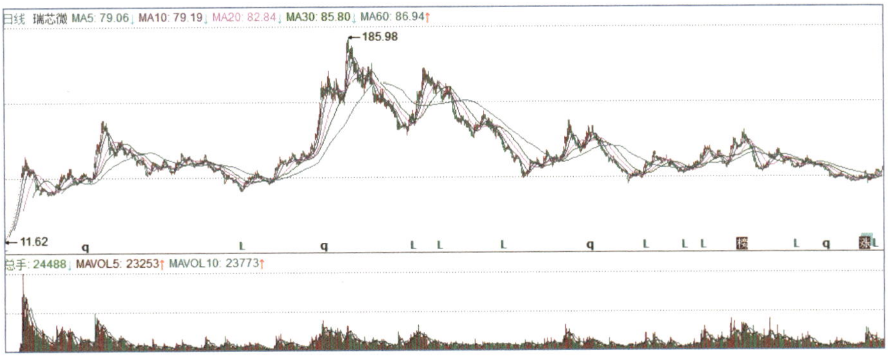

图 6-9　2020 年 2 月至 2023 年 11 月瑞芯微指数日 K 走势

59. 84 元，市净率 1. 51 倍。股票在 2022 年 1 月 6 日上市时价格为每股 58 元左右，其后一路上涨，在 2024 年 7 月达到了 113 元。

中国电信：2023年11月10日数据显示，其每股收益0.30元，每股净资产4.80元股票在2021年8月20日上市后一路下跌，曾在2022年8月2日跌至每股3.65元，后一路上涨，在2023年3月15日达到最高价每股7.51元，后一路下跌（见图6-10）。

图6-10　2021年8月20日至2023年11月中国电信日K走势

课堂总结

1. 了解新一代信息技术产业的特点。
2. 了解新一代信息技术产业的内容。
3. 了解新一代信息技术产业的市场表现。

第41课 生物产业

一、生物产业发展

（一）生物产业的含义

生物产业主要是指近20年来发展起来的以高新技术为支持的新兴产业，其中，主要以生物技术为核心。理论上讲，生物产业，是指以生命科学理论和生物技术为基础，结合信息学、系统科学、工程控制等理论和技术手段，通过对生物体及其细胞、亚细胞和分子的组分、结构、功能与作用机理开展研究并制造产品，或改造动物、植物、微生物等并使其具有所期望的品质特性，为社会提供商品和服务的行业的统称。生物产业是将科学与技术应用于生物体及其部分、产物和模型，为改变生物及非生物物质而创造新技术、产品以及服务的同类生产经营活动单位的集合。

（二）生物产业的起源与发展

（1）生物产业的开端。生物高技术产业的起源和发展与大学、研究机构关系密切。绝大多数生物新技术新发明，都是来源于一流的实验室和研发机构。20世纪70年代中期，随着分子生物学的兴起，一些学者逐渐从科研机构独立出来，创办自己的公司，专门从事相关科研成果的转化与规模生产，由此拉开了现代生物技术产业发展的序幕。一般认为，1976年4月，风险投资家和DNA重组领域奠基人、诺贝尔奖获得者Boyer教授成立的基因泰克公司（Genetech）专门从事基因组的商业化，是现代生物技术产业发展的开端。

（2）大规模扩张阶段。20世纪80年代，随着大量现代生命科学及生物新兴技术的诞生，生命科学领域取得了新的突破，相继完成了干细胞技术与组织工程、克隆技术、生物芯片、基因治疗与细胞治疗等。在此期间，科研成果技术转让、大型传统制药企业合作研发、机械仪器快速更新等多种因素促进创新型重磅产品不断涌现，一大批生物技术公司不断涌现，这些公司通过上市、兼并等手段，迅速扩展规模，生物产业进入资本扩张和产业大规模运作阶段。

（3）全球扩张阶段。20 世纪 90 年代，随着人类基因组测序的开展以及 2001 年启动后基因组计划等，生命科学领域有了进一步突破，启动了生物产业的又一次革命，生物技术产业进入了全球扩张阶段。

（4）进入 21 世纪，以基因技术为核心的生命科学与生物技术已逐步成为高技术群体中最富有生命力的领域之一。生物技术涉及多种学科，而且与信息技术、纳米技术、新材料等高技术结合，形成第四次科技革命的浪潮，其影响力远远超过前三次科技革命。现代生物技术是解决人类粮食、健康和环境三大基本问题的关键技术，是实现经济可持续发展的绿色产业。

二、生物产业的特点

生物产业是知识、技术、人才密集的行业，具有高投入、高风险、高效益、长周期等特征。

（一）高投入

以生物医药为例，研究开发一种新药需要大量的投入。

（二）高风险、高效益

新药的投资从生物筛选、药理毒理等临床前试验、制剂处方及稳定性试验、生物利用度测试到用于人体的临床试验以及注册上市和售后监督一系列步骤，任何一个环节失败都将前功尽弃。一旦成功，生物工程药物的利润回报率就会很高。尤其是拥有新产品、专利产品的企业，一旦开发成功就会形成技术垄断优势，利润回报高达 10 倍以上。因此，生物产业是可持续增长的高效益产业。

（三）长周期

比如，新药的研发过程往往需要一个较长时间才能完成。

生物产品多与人民生命健康有关，政府管制性强，具有基础性、公益性、战略性等特征。比如，生物能源属基础性行业，而生物医药、生物环保等属于公益性行业。这些特点决定了政府在促进生物产业发展中必须发挥引导、推动和扶持作用。

三、生物产业发展的重要性

（一）推动产业结构调整

生物医药是生物产业的主导产业，现代生物技术在医疗方面的应用，涵盖了从药品到临床、从诊断到预防、从保健到治疗等多个重点方面，以及众多生物医药产品产业化，有助于产业结构的调整。

（二）推动农业的变革和发展

我国杂交水稻培育成功，用胚胎移植技术改良牛羊品种等，都说明现代生物技术的应用是提高农业综合实力的重要手段。利用生物农药、生物肥料取代化学产品，有效缓解化学农药、肥料对我国土壤结构的破坏、有机质含量下降和富营养等问题，减少了化学产品在生产、使用过程中对环境的污染。

（三）开发再生新能源，引领我国循环经济发展

生物能源主要包括燃料乙醇、生物柴油、生物质发电和供热等。目前，最具发展潜力和应用前景的生物能源是燃料乙醇和生物柴油。随着利用非粮食生物原料生产新能源技术的成熟，一种燃烧性能、动力性能和环保性能都好的新能源将逐步替代化石能源。通过对生物材料的深度开发，具有可自然降解和良好的生物相容性、可再生利用、便于机械加工等特点的一批生物制品出现，并广泛应用于医疗、农业、建筑业、包装材料业等领域，大大减少了对石油、煤炭等不可再生化石能源的依赖，是解决我国资源急剧消耗、环境严重污染的关键，是建设资源节约型和环境友好型社会的一条必经之路。

（四）生物产业发展的特殊战略意义

发展生物产业是保障全国人民生命健康与安全的根本要求，用于解决全面建成小康社会所面临的人口与健康问题的重大挑战；有利于推进经济增长方式转变和调整经济结构、产业结构，是走新型工业化道路的重大抉择；是保障国家安全的迫切需要，生物产业的发展是经济安全、产业安全、生态安全、粮食安全、能源安全、生物安全的重要保证；是发展现代农业、解决“三农”问题的重要切入点和突破口；是实现中华民族伟大复兴的重大战略举措。

四、生物产业的分类

根据国务院《生物产业发展规划》和生物技术应用的不同领域，生物产业可分为生物医药、生物农业、生物能源、生物制造、生物环保和生物服务等六大产业。

（1）生物医药，包括生物医药产业、生物医学工程，具体可大致分为疫苗与诊断试剂、创新药物、现代中药和生物医学工程。

（2）生物农业，是指按照自然的生物学过程管理农业，适当投入能量和资源，维持系统最佳的生产力。生物农业强调通过促进自然过程和生物循环保持土地生产力，用生物学方法防治病虫害，实现农业环境的生态平衡，包括生物育种、林业育种、绿色农用、生物制品、海洋生物、资源开发利用等。

（3）生物能源，主要是指利用农作物、树木和其他植物及其残体、畜禽粪便、

有机废弃物等可再生或循环的有机物质为原料生产的能源，主要包括生物质气化、生物质固化成型、生物质热解液化和沼气、燃料酒精、生物柴油催化合成、生物制氢等技术。简言之，主要指利用生物质开发新型能源，包括能源植物的培育及种植、生物液体燃料、生物质气化固化燃料生产与发电等。

（4）生物制造，主要是指利用可再生生物质制造新型材料和化学品，以及利用生物的机能进行制造，以替代化学制造。生物制造产业主要包括生物基材料和微生物制造两个领域。其中，生物基材料是指利用可再生生物质，包括农作物、树木、其他植物及其残体和内含物为原料，通过生物、化学以及物理等方法制造的一类新材料，是生物制造的重点领域之一。

（5）生物环保，主要是指利用生物技术对环境污染及生态环境退化等问题进行治理，并开发环保生物新技术及相关设备，包括污水处理、固体垃圾处理、土壤修复等。

（6）生物服务，适应现代生产和消费模式的新要求，集成生物技术和现代服务业的理念，发展合同研发、委托制造、公共技术服务、中介服务和延伸服务，积极培育生物服务新业态。生物服务包括关键技术开发、公共技术服务平台建设、生物产业高端中介服务企业培育等。

五、生物产业发展规划

（一）发展的总体要求

根据《国务院关于加快培育和发展战略性新兴产业的决定》（国发〔2010〕32号）规定，在生物产业方面，大力发展用于重大疾病防治的生物技术药物、新型疫苗和诊断试剂、化学药物、现代中药等创新药物大品种，提升生物医药产业水平。加快先进医疗设备、医用材料等生物医学工程产品的研发和产业化，促进规模化发展。着力培育生物育种产业，积极推广绿色农用生物产品，促进生物农业加快发展。推进生物制造关键技术开发、示范与应用。加快海洋生物技术及产品的研发和产业化。

（二）发展目标

根据《生物产业发展规划》，到2015年，我国生物产业形成特色鲜明的产业发展能力，对经济社会发展的贡献作用显著增强，在全球产业竞争格局中占据有利位置；到2020年，生物产业发展成为国民经济的支柱产业。

“十四五”规划将生物医药和生物技术纳入强化国家战略科技力量的范围，组建生物医药等六大领域的国家实验室，聚焦新一代信息技术、生物技术等，构筑产业体系新支柱，前瞻谋划包括基因技术在内的未来产业。为促进生物产业集聚式发展，国家发展改革委选择产业基础好、创新能力强、市场化水平高、开放性强的地区，分批建设国家生物产业基地和国家高技术产业基地。

六、生物产业的市场表现

生物产业，在同花顺软件中包括生物制品、医药商业、医疗器械、医疗服务、中药等行业。涉及的上市公司较多，如九州药业、海辰药业、君实生物、海特生物、凯莱英、同仁堂、云南白药、太极集团、国邦医药、共同药业、博拓生物、硕世生物、智飞生物等。

（一）生物医药

生物医药行业指数，2015 年达到 3286.75 点，随后一路下跌，到 2018 年 10 月达到 1300 点左右后一路上行，到 2020 年 8 月达到 2600 点左右后又开始振荡下跌，到 2023 年 11 月达到 2100 点左右（见图 6-11）。

图 6-11　2013 年 6 月至 2023 年 11 月生物医药板块指数日 K 走势

（二）个股表现

同仁堂：上市以来，一直处于上升阶段，到最近达到 55 的高位（见图 6-12）。

热景生物：试剂及仪器，从 2021 年急速上涨，2022 年 1 月达到 244 元的高位（见图 6-13）。

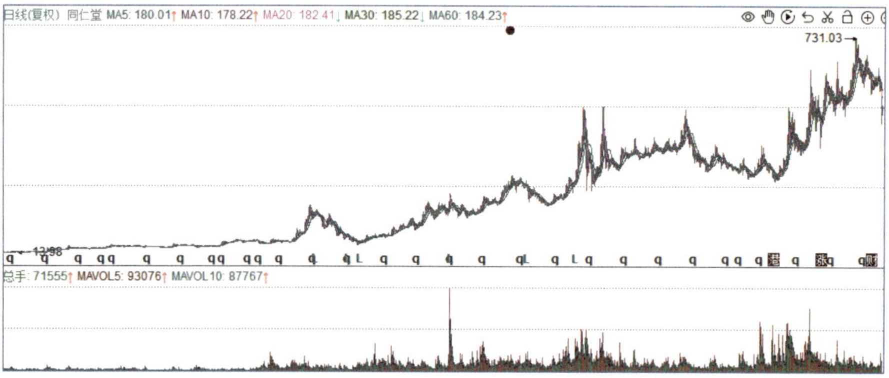

图 6–12　1998 年 3 月至 2024 年 2 月同仁堂股价日 K 走势

图 6–13　2019 年 10 月至 2023 年 1 月热景生物股价日 K 走势

课堂总结

1. 了解生物产业的分类及特点。
2. 了解生物产业的发展规划。
3. 了解生物产业的市场表现。

第 42 课 高端装备制造业

一、高端装备制造业发展的概念

高端装备制造业又称先进装备制造业，是生产制造高技术、高附加值的先进工业设施设备的行业，是装备制造业的高端领域，是为国民经济和国防建设提供各种技术装备的制造业总称。高端装备主要包括传统产业转型升级和战略性新兴产业发展所需的高技术高附加值装备。因此，高端制造产业既有传统制造业的高端部分，也有新兴产业的高端部分。其“高端”主要表现在三个方面：第一，技术含量高，表现为知识、技术密集，体现多学科和多领域高精尖技术的继承；第二，处于价值链高端，具有高附加值的特征；第三，在产业链中占据核心部位，其发展水平决定产业链的整体竞争力。

二、高端装备制造业的行业特点

（一）技术含量高、研发投入大

高端装备制造业的一个显著特点是知识与技术密集型，融合多学科、多领域的高尖人才与技术。这类企业为了维持自身的技术领先地位，巩固自身的技术壁垒，会不断加大研发力度，所以这类企业具有高研发费用占比的特征。

（二）高产业地位、高利润水平

高端装备制造业因为技术含量高，具有高附加值的属性，其发展水平将影响产业链整体的发展情况与竞争力。所以，高端装备制造业具有高端的产业地位，同时具有高的利润水平。

（三）强带动力

高端制造业企业拥有先进的技术设备和较强的创新能力，可以对上下游企业进行辐射和技术溢出，从而对整个产业链的技术创新和竞争力提升都具有较强的带动作用。

三、发展高端装备制造业的重要性

高端装备制造业是以高新技术为引领，处于价值链高端和产业链核心环节，决定着整个产业链综合竞争力的战略性新兴产业，是现代产业体系的脊梁，是推动工业转型升级的引擎。大力培育和发展高端装备制造业，是提升我国产业核心竞争力的必然要求，是抢占未来经济和科技发展制高点的战略选择，对于加快转变经济发展方式、实现由制造业大国向制造业强国转变具有重要战略意义。

（1）高端装备制造产业必然成为带动整个装备制造产业升级的重要引擎，成为战略性新兴产业发展的重要支撑。

（2）把高端装备制造业作为战略性新兴产业重点培育和发展是走上创新驱动、内在增长轨道的必然选择，是今后相当长一段时期内的重点举措。

（3）中国面对全球竞争加剧、环境资源约束日趋严峻和高级人才短缺等挑战，必须从战略的高度重视发展高端装备制造业推动整个制造业振兴，更有效地为各领域新兴产业提供装备和服务的保障。

四、高端装备制造业的行业分类

《工业转型升级规划（2011—2015 年）》提出，要抓住产业升级的关键环节，着力提升关键基础零部件、基础工艺、基础材料、基础制造装备研发和系统集成水平，加快机床、汽车、船舶、发电设备等装备产品的升级换代，积极培育发展智能制造、新能源汽车、海洋工程装备、轨道交通装备、民用航空航天等高端装备制造业，促进高端装备制造业由大变强。2018 年国家统计局的分类目录中将高端装备制造业分为五大产业。

（1）智能制造装备产业，包括机器人与增材设备制造、重大成套设备制造、智能测控装备制造、其他智能设备制造、智能关键基础零部件制造、智能制造相关服务。

（2）航空装备产业，包括航空器装备制造、其他航空装备制造及相关服务。

（3）卫星及应用产业，包括卫星装备制造、卫星应用技术设备制造、卫星应用服务、其他航天器及运载火箭制造。

（4）轨道交通装备产业，包括铁路高端装备制造、城市轨道装备制造、其他轨道交通装备制造、轨道交通相关服务。

（5）海洋工程装备产业，包括海洋工程装备制造、深海石油钻探设备制造、其他海洋相关设备与产品制造、海洋环境监测与探测装备制造、海洋工程建筑及相关服务。

五、高端装备制造产业发展规划

（一）发展现状

1. 总体现状特征

初步形成高端装备制造产业格局。我国的高端装备制造业，长期以来依靠“引进—落后—再引进”的模式发展，在知识技术密集、附加值高的高精尖领域一直受制于人。近年来，随着国家对战略性新兴产业的重视和政策上对创新的鼓励与支持，我国高端装备制造业得到了快速发展，一批高端装备实现重大突破，大型客机（C919）成功下线，北斗导航系统突破千万级用户，海洋石油 981 深水半潜式钻井平台创造了世界半潜式平台之最，高铁、电力设备已经走出国门，等等。我国已经初步形成高端装备制造产业格局，即以环渤海、长三角地区为核心，东北和珠三角地区为两翼，以四川和陕西为代表的西部地区为支撑，中部地区快速发展的产业空间格局。但是高端装备制造业的产值占装备制造业的比例较低，大量核心装备制造零部件依赖进口。在加快产业转型升级的大背景下，高端装备制造业既面临机遇也面临挑战。其总体特征如下：

（1）高端装备制造业总体发展迅速，出口增速高；

（2）高端装备国内市场供给总体比例不高；

（3）高端装备制造业产品进口额度呈高速增长的趋势；

（4）高端装备制造业部分领域初步具备国际竞争能力。

2. 技术层面，创新能力不足

近年来，我国企业在国家政策的支持下不断加强技术创新和技术改造，整体技术水平持续提升，开发出了一大批具有自主知识产权的高端装备。然而，在高端电力装备、工程机械、数控机床等诸多主机领域高速发展的同时，许多关键零部件和配套产品发展滞后，严重受制于进口。我国自主品牌的高端装备制造业核心竞争力不强，中低端产能过剩、竞争尤为激烈，高端环节被国外品牌掌控。由于创新能力薄弱，不少企业甚至重点企业的研发实验条件普遍较差，创新能力难以达到预期水平。面对技术层面创新能力不足的问题，需要进一步完善产业集群创新生态环境，把创新摆在制造业发展全局的核心位置，加大核心企业扶持力度，增加核心企业装备研发的投入。

3. 市场层面，有广阔的市场前景

国际金融危机后，发达国家经济战略由过分倚重服务业向“制造业回归”和“再工业化”转变。2011 年 6 月，美国启动《先进制造业伙伴计划》，以信息技术、新材料、新能源等为主攻领域；德国政府提出“工业 4.0”战略，确立了智能生产和智能工厂两大主题。美国和德国均聚焦新一代高端装备技术的创新发展。在发达国家实施“再工业化”战略的同时，发展中国家对低端制造业资源的抢夺也给我国工业发展带来巨大挑战。同时，随着人口老龄化的到来以及中国企业用工成本的不断上升，智能装备在越来越多的领域替代人工成为企业的选择，这也为我国高端装备制造业的发展提供了广阔的市场。

未来，我国以机器人为代表的智能装备将有非常大的发展空间。同时，完全自主知识产权的中国动车成功出口马其顿也表明我国轨道交通领域的高端装备制造已经打开了广阔的欧洲市场。

4. 政策层面，系统的政策支持

高端装备制造业是典型的发展初期高投入、发展中期高风险、发展后期高产出的行业，因此，在其培育和发展的初期阶段，需要系统性的政策支持。财政税收政策是政府支持包括高端装备制造业在内的战略性新兴产业发展的主要措施和重要手段。

（二）高端装备制造产业发展的总体要求

《国务院关于加快培育和发展战略性新兴产业的决定》规定：

（1）重点发展以干支线飞机和通用飞机为主的航空装备，做大做强航空产业；

（2）积极推进空间基础设施建设，促进卫星及其应用产业发展；

（3）依托客运专线和城市轨道交通等重点工程建设，大力发展轨道交通装备；

（4）面向海洋资源开发，大力发展海洋工程装备；

（5）强化基础配套能力，积极发展以数字化、柔性化及系统集成技术为核心的智能制造装备。

（三）发展目标

《国务院关于加快培育和发展战略性新兴产业的决定》发布后，中国高端装备制造业将进入高速成长期，按照高端装备制造产业发展规划，到 2020 年，基本掌握一批高端装备设计制造关键核心及共性技术，自主研发、设计、制造及系统集成能力大幅提升，产业竞争力进入世界先进行列。高端装备制造产业销售收入在装备制造业中的占比提高到 25%，高端装备制造业将成为国民经济的支柱产业。

到 2025 年，全面具备高端装备的自主研发、设计、制造及系统集成能力，各领域开发出一批标志性、带动性强的成套装备，核心技术对外依存度明显下降，基础配套能力显著增强，重要领域装备达到国际领先水平。形成覆盖研发设计、装备制造、技术服务的完整产业体系和持续创新发展能力，国际竞争力和国际品牌影响力进一步增强。

2021 年，我国高端装备制造行业销售收入超过 17 万亿元；预计未来五年（2021—2025 年）年均复合增长率约 15.28%，到 2022 年，高端装备制造产业销售收入在装备制造业中的占比提高到 28%；2025 年将达到 30.2 亿元。由制造大国发展为

制造强国。

六、发展重点

培育发展高端装备制造业是关系国家综合实力、技术水平和工业基础的一项长期工作，目前及未来的发展重点如下。

1. 航空装备

以市场应用为先导，以重点产品研制为主线，统筹航空技术研究、产品研发、产业化、市场开发与服务发展，重点加快大型客机、支线飞机、通用飞机和航空配套装备的发展，大型客机实现首飞，喷气支线飞机成功研制，建立具有可持续发展能力的航空产业体系。

2. 卫星制造以及应用

紧密围绕国民经济和社会发展的重大需求，与国家重大科技专项相结合，以建立我国安全可靠、长期连续稳定运行的空间基础设施及其应用服务体系为核心，加强航天运输系统、应用卫星系统、地面与应用天地一体化系统建设，推进临近空间资源开发，促进卫星在农业、林业、水利、国土、城乡建设、环保、应急、交通、气象、海洋、远程教育、远程医疗等行业、区域发展以及公众生活中的应用，形成航天器制造、发射服务、应用设备制造和卫星运营服务构成的完整产业链。

3. 轨道交通设备制造

满足我国铁路快速客运网络、大运量货运通道和城市轨道交通建设，包括动车组及客运列车、重载及快捷货运列车、城市轨道交通装备、工程及养路机械装备、信号及综合监控与运营管理系统、关键核心零部件等，提升关键系统及装备研制能力，满足国内市场需要。大力开拓国际市场，使我国轨道交通装备全面处于世界领先水平。

4. 海洋工程装备制造

面向国内外海洋资源开发的重大需求，以提高国际竞争力为核心，重点突破3000 米深水装备的关键技术，包括海洋矿产资源开发装备、海洋可再生能源和化学资源开发装备、其他海洋资源开发装备等。

5. 智能装备制造

围绕先进制造、轻工纺织、能源、环保与资源综合利用等国民经济重点领域发展的迫切需要，坚持制造与服务并重，重点突破关键智能技术、核心智能测控装置与部件，开发智能基础制造装备和重大智能制造成套装备，大力推进示范应用，催生新的产业，提高制造过程的数字化、柔性化及系统集成水平，包括关键智能基础共性技术、核心智能测控装置与部件、重大智能制造集成装备、重点应用示范推广领域。

七、高端装备制造业的市场表现

（一）代表性企业

高端装备制造业主要涉及五大产业，涉及的上市公司较多，各产业的代表性公司如下。

（1）航空装备行业：航发动力、航发科技、航发控制、中航重机、中航光电以及中航机电、中航沈飞等。

（2）卫星制造以及应用行业：中国卫星、振芯科技、合众思壮以及北斗星通等。

（3）轨道交通设备制造行业：中国中车、许继电气、国电南自、晋西车轴、时代新材、特锐德等。

（4）海洋工程装备制造行业：中国重工、振华重工、海油工程、中海油服、中国船舶以及中集集团等。

（5）智能装备制造行业：秦川机床、汉钟精机、华东数控、华明装备、机器人以及陕鼓动力等。

（二）高端装备制造业的市场表现

1. 中航光电

中航光电每股收益为1.43元，每股净资产为12.78元，2021年12月股价达到每股105.62元的高位，目前价位为每股83元左右，持续走高（见图6-14）。

图6-14　2010年12月至2024年2月中航光电股价日K走势

2. 北斗星通

北斗星通每股收益为0.31元，每股净资产为8.52元，2020年8月股价达到每股84.53元的高位，目前价位为每股36元左右，持续走高（见图6-15）。

图 6-15　2007 年 8 月至 2024 年 2 月北斗星通股价日 K 走势

3. 晋西车轴

晋西车轴铁路车轴的制造、研发能力和工艺创新能力处于全球领先地位。其 2023 年第三季度每股收益为 0.002 元，每股净资产为 2.68 元，由于业绩较差，到 2023 年 9 月价位仍为每股 3.7 元左右（见图 6-16）。

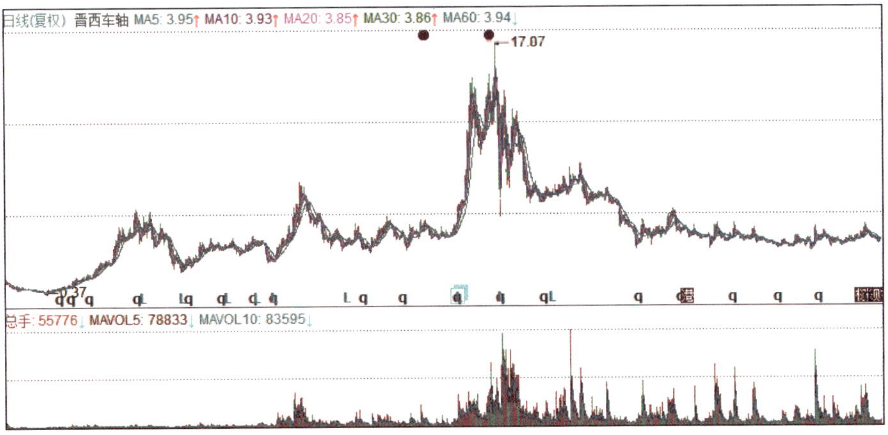

图 6-16　2004 年 7 月至 2023 年 9 月晋西车轴股价日 K 走势

4. 汉钟精机

汉钟精机是国内螺杆式压缩机龙头企业，2021 年第四季度的每股收益为 0.91

元，每股净资产为4.89元，稳步走高，2022年11月达到每股30.7元的高位，2024年2月的价位为每股19元左右（见图6-17）。

图6-17　2007年8月至2024年2月汉钟精机股价日K走势

课堂总结

1. 了解高端装备制造业的产业内容。
2. 了解高端装备制造业发展的重要性。
3. 了解高端装备制造业的发展规划。
4. 了解高端装备制造业的市场表现。

第 43 课 新能源产业

一、新能源产业发展的概念

新能源又称“非常规能源”，是指传统能源之外的各种能源形式。一般来说，常规能源是指技术上比较成熟且已被大规模利用的能源，而新能源通常是指在新技术基础上加以开发利用的可再生能源或尚未大规模利用、正在积极研究开发、有待推广的能源。因此，煤、石油、天然气以及大中型水电都被看作常规能源，而把太阳能、风能、现代生物质能、地热能、海洋能、氢能等作为新能源。随着技术的进步和可持续发展观念的树立，过去一直被视作垃圾的工业与生活有机废弃物被重新认识，作为一种能源资源化利用的物质而受到深入的研究和开发利用，因此，废弃物的资源化利用也可看作新能源技术的一种形式。总之，新近才被人类开发利用、有待进一步研究开发的能量资源统称为新能源。相对于常规能源而言，在不同的历史时期和科技水平情况下，新能源有着不同的内容。

1980 年，联合国召开的“联合国新能源和可再生能源会议”对新能源的定义为：以新技术和新材料为基础，使传统的可再生能源得到现代化的开发和利用，用取之不尽、周而复始的可再生能源取代资源有限、对环境有污染的化石能源，重点开发太阳能、风能、生物质能、潮汐能、地热能、氢能和核能（原子能）等。

二、新能源的特点

（1）资源丰富，普遍可再生。新能源种类繁多，且普遍具有可再生特性，可供人类永续利用。如风力资源、太阳能等。

（2）能量密度低，开发利用需要较大空间。

（3）不含碳或含碳量很少，对环境影响小。

（4）分布广，有利于小规模分散利用。

（5）间断式供应，波动性大，对持续供能不利。

（6）除水电外，可再生能源的开发利用成本较化石能源高。

三、新能源产业发展的意义

新能源产业的发展既是整个能源供应系统的有效补充手段，也是环境治理和生态保护的重要措施，是满足人类社会可持续发展需要的最佳能源选择。对于解决当今世界严重的环境污染问题和化石能源枯竭问题具有重要意义。

（1）能源安全意义。经济发展增加对能源的需求，中国化石能源尤其是石油和天然气生产量的相对不足，未来中国能源供给对国际市场的依赖程度将越来越高。大力发展可再生能源可相对减少中国能源需求中化石能源的比例和对进口能源的依赖程度，提高中国能源、经济安全。

（2）环境意义。可再生能源的环境污染少，有助于保护生态环境。

四、新能源产业的分类

新能源的各种形式都是直接或间接地来源于太阳或地球内部产生的热能，包括太阳能、风能、生物质能、地热能、水能和海洋能，以及由可再生能源衍生出来的生物燃料和氢所产生的能量。新能源按类别可分为：太阳能、风能、生物质能、地热能、海洋能、氢能、核能等。

1. 太阳能

太阳能一般指太阳光的辐射能量。太阳能的主要利用形式有太阳能的光热转换、光电转换以及光化学转换三种主要方式。广义上的太阳能是地球上许多能量的来源，如风能、化学能、水的势能等由太阳能导致或转化成的能量形式。利用太阳能的方法主要有：太阳能电池，通过光电转换把太阳光中包含的能量转化为电能；太阳能热水器，利用太阳光的热量加热水，并利用热水发电等。太阳能清洁环保，无任何污染，利用价值高，更没有能源短缺这一说法，种种优点决定了其在能源更替中不可取代的地位。

太阳能光伏：光伏板组件是一种暴露在阳光下便会产生直流电的发电装置，由几乎全部以半导体物料（如硅）制成的薄身固体光伏电池组成。

太阳能光热：现代的太阳热能科技将阳光聚合，并运用其能量产生热水、蒸气和电力。

太阳光合能：植物利用太阳光进行光合作用，合成有机物。因此，可以人为模拟植物光合作用，大量合成人类需要的有机物，提高太阳能利用效率。

2. 风能

风能是太阳辐射下流动所形成的。与其他能源相比，风能具有明显的优势，它蕴藏量大，是水能的10倍，分布广泛，永不枯竭，对交通不便、远离主干电网的岛屿及边远地区尤为重要。风能最常见的利用形式为风力发电。

3. 生物质能

生物质能来源于生物质，也是太阳能以化学能形式贮存于生物中的一种能量形式，它直接或间接地来源于植物的光合作用。生物质能是贮存的太阳能，更是唯一可再生的碳源，可转化成常规的固态、液态或气态燃料。地球上的生物质能资源较为丰富，而且是一种无害的能源。生物质能又名“生物能源”，是利用有机物质（例如植物等）作为燃料，通过气体收集、气化（化固体为气体）、燃烧和消化作用（只限湿润废物）等技术产生能源。

4. 地热能

地球内部热源可来自重力分异、潮汐摩擦、化学反应和放射性元素衰变释放的能量等。放射性热能是地球的主要热源。中国地热资源丰富，分布广泛。

5. 海洋能

海洋能指蕴藏于海水中的各种可再生能源，包括潮汐能、波浪能、海流能、海水温差能、海水盐度差能等。这些能源都具有可再生性和不污染环境等优点，是一项亟待开发利用、具有战略意义的新能源。海洋能属于清洁能源，如波浪发电、潮汐发电等。

6. 氢能

氢在地球上主要以化合态的形式出现，是宇宙中分布最广泛的物质，氢燃烧产生水，是世界上最干净的能源。氢能资源丰富，可持续发展，氢能在21世纪的世界能源舞台上可能成为一种举足轻重的能源。

7. 核能

核能是通过转化其质量从原子核释放的能量。核能的释放主要有三种形式：核裂变能、核聚变能、核衰变。但核能本身存在一些缺陷。

五、新能源产业发展规划

能源是推动社会发展的血液，随着技术进步和创新，人类社会经历了三次大的能源革命，其发展规律是从高碳能源向低碳、无碳能源演变。面对气候变化、环境风险挑战、能源资源约束等严峻的全球问题，用新能源代替旧能源，已刻不容缓。

（一）新能源发展现状及面临的问题和挑战

1. 能源供给保障有力

能源生产总量、电力装机规模和发电量稳居世界第一。结构调整步伐加快，煤炭消费比重下降，非化石能源和天然气消费比重提高。

2. 新能源装机规模领先，节能减排成效显著

中国的水电、风电、光伏发电装机规模和核电在建规模均居世界第一，节能减排成效显著。

（1）光伏领域：我国光伏组件生产商，从原材料到最终产成品，可以说整个生产上下游企业，都处于全球的绝对霸主地位。据统计，2019 年，全球光伏组件产量，中国大陆占到 71.3%，处于绝对的优势地位。

（2）风电领域：总体上，在技术方面，我国风电机组几乎引领了低风速、复杂地形风电机组的所有技术主要路线，在风电机组总装机容量和每年新增装机容量上也是一骑绝尘，无可争议的世界领先。

（3）电池和电动车（锂电）领域：由于储能配合新能源造价过高，目前仍处于示范性工程阶段，商业应用并不成熟。我国在电动车领域也处于绝对的领先位置。

（4）能源领域：如大型火力发电站、大型水力发电站，以及配套的电网建设等工程等，我国也具有无可争议的世界优势，尤其是我国建设的特高压电网，堪称世界工程奇迹。

3. 面临的问题和挑战

（1）可再生能源发展面临多重问题和挑战。电力系统调峰能力不足，输配成本偏高，难以适应可再生能源大规模并网的要求；可再生能源发展模式多样化受到制约，扩大天然气消费面临诸多障碍，能源清洁替代任务艰巨；能源系统整体效率较低；跨省区能源资源配置矛盾凸显；适应能源转型变革的体制机制有待完善。

（2）传统能源产能结构性过剩问题突出。煤炭产能过剩，供求关系严重失衡，能耗和污染物排放大幅增加，原油一次加工能力过剩，产能利用率不到 70%，但高品质清洁油品生产能力不足。

（3）能源清洁替代任务艰巨。大气污染形势严峻，“以气代煤”和“以电代煤”等清洁替代成本高，洁净型煤推广困难，污染物排放严重，高品质清洁油品利用率较低。

（4）能源系统整体效率较低。电力、热力、燃气等不同供能系统集成互补、梯级利用程度不高，系统调峰能力严重不足。

（二）新能源产业发展的政策法规

《中华人民共和国可再生能源法》，2005 年制定，2006 年实施。

《可再生能源中长期发展规划》，2007 年发布。

《促进风电产业发展实施意见》，2006 年发布。

《海上风电开发建设管理暂行办法》，2010 年发布。

《关于开展大型并网光伏示范电站建设有关要求的通知》，2007 年发布。

《能源生产和消费革命战略（2016—2030）》，2017 年发布。

新能源发展五年规划和各省市发布的地方性法规。

（三）发展的总体要求

《国务院关于加快培育和发展战略性新兴产业的决定》指出，积极研发新一代核能技术和先进反应堆，发展核能产业；加快太阳能热利用技术推广应用，开拓多元化的太阳能光伏光热发电市场；提高风电技术装备水平，有序推进风电规模化发展，加快适应新能源发展的智能电网及运行体系建设；因地制宜开发利用生物质能。

（四）新能源产业发展规划

1. 发展原则

革命引领，创新发展；效能为本，协调发展；清洁低碳，绿色发展；立足国内，开放发展；以人为本，共享发展；筑牢底线，安全发展。

2. 政策取向

注重发展质量，调整存量、做优增量，积极化解过剩产能；注重结构调整，加快双重更替，推进能源绿色低碳发展；注重系统优化，创新发展模式，积极构建智慧能源系统；注重市场规律，强化市场自主调节，积极变革能源供需模式；注重经济效益，遵循产业发展规律，增强能源及相关产业竞争力；注重机制创新，充分发挥价格调节作用，促进市场公平竞争。

3. 战略取向

紧紧把握时代脉搏，坚持安全为本、节约优先、绿色低碳、主动创新的战略取向，全面实现我国能源战略性转型。以保障安全为出发点、以节约优先为方针、以绿色低碳为方向、以主动创新为动力。

4. 发展目标

（1）到 2020 年，全面启动能源革命体系布局，推动化石能源清洁化，根本扭转能源消费粗放增长方式，实施政策导向与约束并重。基本形成比较完善的能源安全保障体系，为如期全面建成小康社会提供能源保障。

（2）2021—2030 年，可再生能源、天然气和核能利用持续增长，高碳化石能源利用大幅减少，初步构建现代能源体系。

（3）展望 2050 年，能源消费总量基本稳定，非化石能源占比超过一半，建成能源文明消费型社会；能效水平、能源科技、能源装备达到世界先进水平；成为全球能源治理重要参与者；建成现代能源体系，保障实现现代化。

六、新能源产业的市场表现

（一）新能源产业上市公司

能源板块所涉及的上市公司较多。

燃气类：新天然气、蓝天燃气、深圳燃气、九丰能源、大众公用等。

油气开采与服务：海油工程、海油发展、中曼石油、潜能恒信等。

电力：三峡水利、太阳能、金开新能、三峡能源、新天绿能、金房节能、节能风电、惠天热电、长江电力、银星能源、中国核电等。

电力设备：中科电气、新风光、金银河、博力威、帝尔激光、大全能源、利元亨、智洋创新、禾迈股份、安靠智电、明阳智能等。

HJT 电池（新一代光伏电池）：通威股份、天合光能、迈为股份、奥特微、晶奥科技、捷佳伟创等。

锂电池：晶瑞电材、北方华创、中科电气、振华科技、先惠技术、科达利、国民技术、德方纳米、新宙邦、多氟多、德赛电池、亿伟锂电能、恩捷股份、盐湖股份、蔚蓝锂芯等。

（二）新能源产业市场表现

1. 油气开采及服务

油气开采及服务板块在 2015 年 6 月达到最高 2528.569 点，2023 年 11 月为 1200 点左右（见图 6-18）。

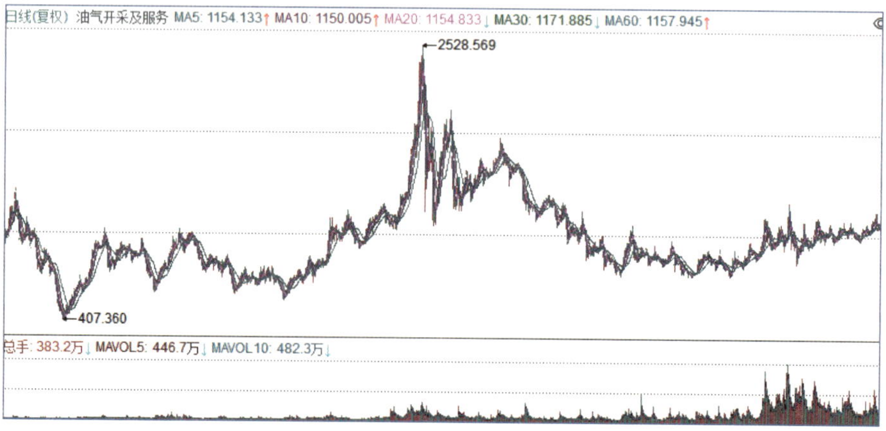

图 6-18　2007 年 8 月至 2023 年 11 月油气开采及服务板块指数日 K 走势

2. 煤炭开采加工

煤炭开采加工板块在 2011 年 4 月达到最高 2846.882 点，2023 年 11 月调整为

2200点左右（见图6-19）。

图6-19　2007年8月至2023年11月煤炭开采加工板块指数日K走势

3. HJT电池

HJT电池板块在2022年8月达到最高点3767.535点，2023年11月调整至2450点左右（见图6-20）。

图6-20　2020年2月至2023年11月HJT电池板块指数日K走势

4. 锂电池

锂电池板块在 2021 年 12 月达到最高 1737. 718 点，2023 年 11 月调整为 1200 点左右，自 2018 年 10 月最低 479. 897 点以后强劲上涨（见图 6-21）。

图 6-21　2015 年 11 月至 2023 年 11 月锂电池板块指数日 K 走势

课堂总结

1. 了解新能源产业的内容及特点。
2. 了解新能源产业发展的政策支持。
3. 了解新能源产业市场表现的差异。

第44课 新材料产业

一、新材料产业发展的概念

（一）材料和新材料

一般来说，材料是指可以用来直接制造有用物件、构件或器件的物质，其形态可以是固体、液体、气体。新材料是指新出现的或正在发展中的，具有传统材料所不具备的优异性能的结构材料和有特殊性质的功能材料；或是采用新技术（工艺、装备），使传统材料性能有明显提高或产生新功能的材料。一般认为，满足高技术产业发展需要的一些关键材料也属于新材料范畴。其中，结构材料主要是利用它们的强度、韧性、硬度、弹性等机械性能，如新型陶瓷材料，非晶态合金（金属玻璃）等；功能材料主要是利用它们具有的电、光、声、磁、热等功能和物理效应。近几年，世界上研究和发展的新材料主要有新金属材料、精细陶瓷和光纤等。

按照《新材料产业发展指南》的规定，新材料是指新出现的具有优异性能或特殊功能的材料，或是传统材料改进后性能明显提高或产生新功能的材料。

（二）新材料的特点

（1）从材料的性能来看，新材料一般具有某些特殊的物理、化学性能或复合功能，或者相对于传统材料来说其性能得到了极大改进。比如，纳米、超导材料、记忆合金、压电晶体及现在的信息材料，都具有一些以往传统材料不具备的物理化学性能。

复合材料因同时具有几项非常突出的物理化学性能，在制造、航空航天、信息以及消费领域得到广泛应用；而性能得到大幅改进的新材料则更多，如强磁材料、高温合金、高硬材料等，高性能催化剂的应用则更为广泛。

（2）从新材料的制备、生产来看，由于材料科学属于现代边缘学科和交叉学科范畴，往往具有较高的技术含量，需要较复杂的工艺和装备，其规模化生产和产业化需要更多的技术人才，属于知识、资金和人才密集型的产业，并且材料科学往往涉及专利、技术秘密等知识产权方面的法律问题，有较高的行业进入壁垒。

（3）从新材料的应用来看，由于这类材料具有特殊、优异的性能，或者突出的性价比，往往具有广阔的市场前景，能够为研究机构、生产制造和销售商带来丰厚的回报。

（4）从行业发展来看，新材料行业具有的高技术、高资本、高回报特性，往往使它具有高风险的特征，具体表现在技术进步快、投入大、市场拓展要求高等方面。

（三）新材料产业

新材料产业包括新材料及其相关产品和技术装备，具体涵盖新材料本身形成的产业、新材料技术及其装备制造业、传统材料技术提升的产业等。

二、新材料产业的特点

（1）技术高度密集，产品的附加值高。

（2）研究与开发投入高。

（3）应用范围广，发展前景好。

（4）生产与市场的国际性强。

三、国家发展新材料产业的重要意义

（1）新材料产业是各国战略竞争的焦点，新材料是材料工业发展的先导，新材料作为国民经济的先导性产业和高端制造及国防工业等发展的关键保障，是各国战略竞争的焦点。

（2）新材料产业的发展体现了技术革命。所谓一代材料一代产业，从材料的应用历程可以看出，每一次生产力的发展都伴随着材料的进步。新材料的发现、发明和应用推广与技术革命和产业变革密不可分。

（3）新材料产业是重要的新兴产业。新材料的研发水平及产业化规模已成为衡量一个国家经济社会发展、科技进步和国防实力的重要标志，世界各国特别是发达国家都十分重视新材料产业的发展。因此，新材料产业成为我国重点扶持的低碳经济领域的新兴产业之一。

四、新材料产业的分类

（一）按照《战略性新兴产业分类（2018）》（国家统计局令第23号）分类

新材料按照不同标准有不同分类。

1. 按照应用领域分类

按照应用领域新材料可分为信息材料、能源材料、生物材料、汽车材料、纳米材料与技术、超导材料与技术、稀土材料、新型钢铁材料、新型有色金属合金材料、新型建筑材料、新型化工材料、生态环境材料、军工新材料。尤其是稀土材料是当今世界各国改造传统产业、发展高新技术和国防尖端技术不可缺少的战略物资。

2. 按照材料的性能分类

（1）特种金属功能材料：稀土功能材料、稀有金属材料、半导体材料、其他功能合金。

（2）高端金属结构材料：高品质特殊钢、新型轻合金材料。

（3）先进高分子材料：特种橡胶、工程塑料、有机硅材料、高性能氟材料、功能性膜材料、其他。

（4）新型无机非金属材料：特种玻璃、先进陶瓷、新型建筑材料、人工晶体、其他。

（5）高性能复合材料：高性能纤维及复合材料、树脂基复合材料、陶瓷基复合材料、其他。

（6）前沿新材料：超导材料、纳米材料、生物材料、智能材料。

（二）根据《〈中国制造2025〉重点领域技术路线图》及《新材料产业发展指南》分类

1. 先进基础材料

先进基础材料主要包括先进钢铁材料、先进有色金属材料、先进化工材料、先进无机非金属材料等。基础材料产业总体产能过剩、高端不能完全自给，重点要发展高性能、差别化、功能化的先进基础材料。

2. 关键战略性材料

关键战略性材料主要包括高性能纤维及复合材料、稀土功能材料、先进半导体材料、新能源材料等。关键战略性材料是支撑各高端应用和实施重大战略需要的关键保障材料，重点是有效解决战略性新兴产业发展急需，突破高端制造业战略材料受制于人的局面。

3. 前沿新材料

前沿新材料主要包括超导材料、纳米材料、生物材料、智能材料、极端环境材料、石墨烯等前沿方向新材料，重点是加快创新和布局自主知识产权，抢占发展先机和战略制高点。

五、新材料产业发展规划

（一）新材料产业发展背景

1. 国际发展背景

在全球科技和产业革命兴起的大背景下，全球主要发达国家和地区纷纷制定了与新材料有关的产业发展战略，大力促进本国新材料产业的发展。美国新材料发展规划的重点是保持新材料领域的全球领导地位，重点发展生命科学、信息技术、环境科学、航空航天和纳米技术。欧盟新材料发展规划的重点是着力推动催化剂、光学材料及光电材料、有机电子、磁性材料、仿生学、纳米生物技术、超导体、复合材料、生物医学材料及智能纺织材料等十大领域的发展。日本新材料发展规划的重点是注重实用性，考虑环境、资源的协调发展；重点开发资源与环境协调性的材料以及减轻环境污染且有利于再生利用的材料等。

2. 国内发展背景

我国新材料产业起步晚、底子薄、总体发展较慢，仍处于培育发展阶段。2011年，我国新材料产业总产值仅为0.8万亿元；到2019年，我国新材料产业总产值已增长至4.5万亿元，同比增长15.4%；预计到2021年我国新材料产业总产值有望突破7万亿元。目前，我国新材料产业已形成产业集群发展模式，基本形成了以环渤海、长三角、珠三角为轴心，东北、中西部特色突出的产业集群分布，各区域材料产业的发展和空间分布都各有优势、各具特点，新材料产业集聚效应明显，从追求大而全向高精尖转型。

尽管我国新材料产业实现了快速发展进入材料大国行列，但与高质量发展的要求相比存在明显的短板与不足，具体表现为总体产能过剩、产品结构不合理、高端应用领域尚不能完全实现自给、创新能力不足。新材料产业发展滞后已成为制约制造强国建设的重要瓶颈。因此，加快发展新材料，对推动技术创新、支撑产业升级、建设制造强国具有重要战略意义。

（二）国家新材料产业政策

国家高度重视新材料产业的发展，先后将其列入国家高新技术产业、重点战略性新兴产业和《中国制造2025》十大重点领域，并制定了一系列规划和政策，大力推动新材料产业的发展。

《国务院关于加快培育和发展战略性新兴产业的决定》（国务院，2010年10月）。

《“十二五”国家战略性新兴产业发展规划》（国务院，2012年7月）。

《关键材料升级换代工程实施方案》（国家发展改革委、财政部、工业和信息化部，2014 年 10 月）。

《中国制造 2025》（国务院，2015 年 5 月）。

《〈中国制造 2025〉重点领域技术路线图》（国家制造强国建设战略咨询委员会，2015 年 9 月）。

《稀土行业发展规划（2016—2020 年）》（工业和信息化部，2016 年 10 月）。

《有色金属工业发展规划（2016—2020 年）》（工业和信息化部，2016 年 10 月）。

《“十三五”国家战略性新兴产业发展规划》（国务院，2016 年 12 月）。

《国务院办公厅关于成立国家新材料产业发展领导小组的通知》（国务院办公厅，2016 年 12 月）。

《新材料产业发展指南》（工业和信息化部、国家发展改革委、科技部、财政部，2017 年 1 月）。

（三）新材料产业发展的总体要求

《国务院关于加快培育和发展战略性新兴产业的决定》规定：“新材料产业。大力发展稀土功能材料、高性能膜材料、特种玻璃、功能陶瓷、半导体照明材料等新型功能材料。积极发展高品质特殊钢、新型合金材料、工程塑料等先进结构材料。提升碳纤维、芳纶、超高分子量聚乙烯纤维等高性能纤维及其复合材料发展水平。开展纳米、超导、智能等共性基础材料研究。”

（四）新材料产业近期的发展目标

根据《新材料产业发展指南》规定，新材料产业发展的主要目标如下。

1. 保障能力大幅提升

先进基础材料总体实现稳定供给，关键战略性材料综合保障能力超过 70%，前沿新材料取得一批核心技术专利，部分品种实现量产。

新一代信息技术、航空航天装备、生物医药及高性能医疗器械等领域所需新材料应用水平大幅提升；电力装备、先进轨道交通装备、海洋工程装备及高技术船舶、节能与新能源汽车、高档数控机床及机器人、农机装备、节能环保等领域所需新材料保障能力大幅提高；国防科技工业所需新材料市场竞争力明显增强。

2. 创新能力不断提高

新材料企业技术创新投入占销售收入比例、知识产权创造与运用能力明显提升，企业创新环境进一步优化。突破一批核心关键和共性技术，整合构建一批新材料产业创新载体，基本形成以企业为主体的新材料产业协同创新体系。

3. 产业体系初步完善

到2020年，新材料产业规模化、集聚化发展态势基本形成，突破金属材料、复合材料、先进半导体材料等领域技术装备制约，在碳纤维复合材料、高品质特殊钢、先进轻合金材料等领域实现70种以上重点新材料产业化及应用，建成与我国新材料产业发展水平相匹配的工艺装备保障体系和较为完善的新材料标准体系，形成多部门共同推进、国家与地方协调发展的新材料产业发展格局，建成一批有国际影响力的新材料企业。

（五）发展方向

1. 先进基础材料

加快推动先进基础材料工业转型升级，以基础零部件用钢、高性能海工用钢等先进钢铁材料，高强铝合金、高强韧钛合金、高强韧镁合金等先进有色金属材料，高端聚烯烃、特种合成橡胶及工程塑料等先进化工材料，先进建筑材料，先进轻纺材料等为重点，大力推进材料生产过程的智能化和绿色化改造，重点突破材料性能及成分控制、生产加工及应用等工艺技术，不断优化品种结构，提高质量稳定性和服役寿命，降低生产成本，提高先进基础材料国际竞争力。

2. 关键战略材料

紧紧围绕新一代信息技术产业、高端装备制造业等重大需求，以耐高温及耐蚀合金、高强轻型合金等高端装备用特种合金，反渗透膜、全氟离子交换膜等高性能分离膜材料，高性能碳纤维、芳纶纤维等高性能纤维及复合材料，高性能永磁、高效发光、高端催化等稀土功能材料，宽禁带半导体材料和新型显示材料，以及新型能源材料、生物医用材料等为重点，突破材料及器件的技术关和市场关，完善原辅料配套体系，提高材料成品率和性能稳定性，实现产业化和规模应用。

3. 前沿新材料

以石墨烯、金属及高分子增材制造材料，形状记忆合金、自修复材料、智能仿生与超材料，液态金属、新型低温超导及低成本高温超导材料为重点，加强基础研究与技术积累，注重原始创新，加快在前沿领域实现突破。积极做好前沿新材料领域知识产权布局，围绕重点领域开展应用示范，逐步扩大前沿新材料应用领域。

（六）重点任务

（1）突破重点应用领域急需的新材料。紧紧围绕高端装备制造、节能环保等重点领域需求，加快调整先进基础材料产品结构，积极发展精深加工和高附加值品种，提高关键战略性材料生产研发比重。组织重点材料生产企业和龙头应用单位联合攻关，建立面向重大需求的新材料开发应用模式，鼓励上下游企业联合实施重点项目，按照产学研用协同促进方式，加快新材料创新成果转化。新材料保障水平主要提升工程包括：新一代信息技术产业用材料、高档数控机床和机器人材料、航空航天装备材料、海洋工程装备及高技术船舶用材料、先进轨道交通装备材料、节能与新能源汽车材料、电力装备材料、农机装备材料、生物医药及高性能医疗器械材料、节能环保材料等。

（2）布局一批前沿新材料。把握新材料技术与信息技术、纳米技术、智能技术等融合发展趋势，更加重视原始创新和颠覆性技术创新，加强前瞻性基础研究与应用创新，制定重点品种发展指南，集中力量开展系统攻关，形成一批标志性前沿新材料创新成果与典型应用，抢占未来新材料产业竞争制高点。前沿新材料先导工程主要包括：石墨烯、增材制造材料、纳米材料、超导材料、极端环境材料等。

（3）强化新材料产业协同创新体系建设。

（4）加快重点新材料初期市场培育。

（5）突破关键工艺与专用装备制约。

（6）完善新材料产业标准体系。

（7）实施“互联网+”新材料行动。

（8）培育优势企业与人才团队。

（9）促进新材料产业特色集聚发展。

六、新材料产业的市场表现

（一）新材料产业涉及的上市公司

新材料产业涉及近300家上市公司，在此简要介绍：扬子新材、瑞华泰、铂科新材、天赐材料、华秦科技、龙磁科技、华友钴业、江丰电子、中简科技、天奈科技、悦安新材、凯立新材、中州特材、屹通新材、博威合金、凯盛新材、彤程新材、奇德新材、赣锋锂业、金博股份、西部超导、有研新材、北方稀土、纳微科技、建龙微纳、联瑞新材、奇德新材、聚石化学、泰和新材、祥源新材等。

（二）新材料公司的市场表现

1. 新材料概念

2014年5月至2023年11月新材料概念指数日K走势见图6-22。

2. 中简科技

中简科技从事高性能碳纤维及相关产品研发、生产、销售和技术服务，打破了国外对高端碳纤维的封锁和限制，已应用于我国航空航天领域。其股价从上市时的每股7元左右上升到最高每股70多元。2023年11月，中简科技股价调整为每股35元左

图 6-22　2014 年 5 月至 2023 年 11 月新材料概念指数日 K 走势

右（见图 6-23）。

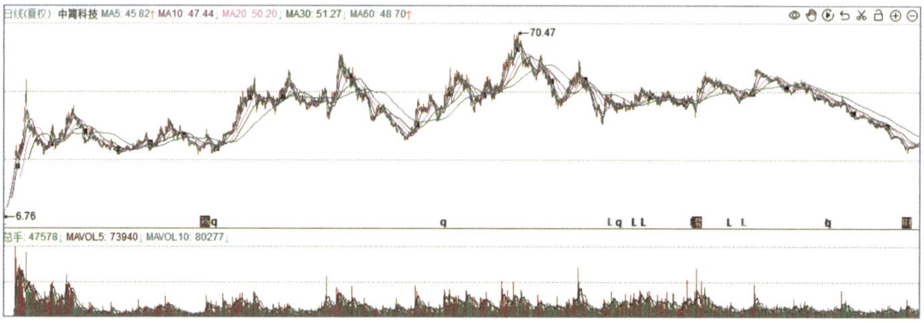

图 6-23　2019 年 5 月至 2023 年 11 月中简科技股价日 K 走势

中简科技 2023 年三季报部分财务指标见图 6-24。

市盈率(动态)：43.65	每股收益：0.56元	每股资本公积金：4.82元	分类：中盘股
市盈率(静态)：23.93	营业总收入：4.00亿元 同比下降23.03%	每股未分配利润：3.00元	总股本：4.40亿股
市净率：3.54	净利润：2.45亿元 同比下降23.54%	每股经营现金流：1.55元	总市值：142.51亿元
每股净资产：9.15元	毛利率：75.73%	净资产收益率：6.65%	流通A股：4.24亿股

图 6-24　中简科技 2023 年三季报部分财务指标

3. 华友钴业

华友钴业主要从事新能源锂电材料和钴新材料产品的研发制造业务，是中国最大的钴化学品生产商之一，钴化学品产量位居世界前列。其股价从上市时的每股 2.5 元左右上升到最高每股 151 元左右，且呈持续上升趋势（见图 6-25）。

图 6-25　2015 年 2 月至 2023 年 3 月华友钴业股价日 K 走势

华友钴业 2023 年三季报部分财务指标见图 6-26。

市盈率(动态)：15.83	每股收益：1.88元	每股资本公积金：8.77元	分类：超大盘股
市盈率(静态)：16.27	营业总收入：510.91亿元 同比增长4.88%	每股未分配利润：8.54元	总股本：17.10亿股
市净率：1.98	净利润：30.13亿元 同比增长0.18%	每股经营现金流：1.45元	总市值：636.15亿元
每股净资产：18.78元	毛利率：14.89%	净资产收益率：10.51%	流通A股：16.86亿股
最新解禁：2024-01-18	解禁股份类型：股权激励限售股份	解禁数量：94.95万股	占总股本比例：0.06%
更新日期：2023-11-10	总质押股份数量：2.63亿股	质押股份占A股总股本比例：15.36%	

图 6-26　华友钴业 2023 年三季报部分财务指标

课堂总结

1. 了解新材料产业发展的重要性。
2. 了解新材料产业的发展规划。
3. 了解新材料产业的市场表现。

第45课 新能源汽车产业

一、新能源汽车产业发展的含义

新能源汽车，是指除汽油、柴油发动机之外的所有其他能源汽车。按照2009年7月发布的《新能源汽车生产企业及产品准入管理规则》规定：新能源汽车是指采用非常规的车用燃料作为动力来源（或使用常规的车用燃料、采用新型车载动力装置），综合车辆的动力控制和驱动方面的先进技术，形成的技术原理先进、具有新技术、新结构的汽车。新能源汽车使用的能源主要包括：电力、蓄电池、燃料电池、代用燃料、乙醇、甲醇、生物柴油、压缩天然气（CNG）、液化石油气（LPG）、混合动力（使用两种及以上能源的汽车）等。因此，新能源汽车包括混合动力汽车、纯电动汽车（Battery Electric Vehide，包括太阳能汽车）、燃料电池汽车（FCEV）、氢发动机汽车、其他新能源（如高效储能器、二甲醚）汽车等各类别产品。

新能源汽车产业是从事新能源汽车生产与应用的行业。新能源汽车被认为能减少空气污染和缓解能源短缺，有利于可持续发展。因此，新能源汽车产业将成为未来汽车产业发展的导向与目标。

二、新能源汽车的分类

从能量转化角度来看，新能源汽车可以分为以下三类。

（一）燃料电池汽车

燃料在车内直接转化为电能的，属于燃料电池汽车（Fuel Cell Vehicle）。燃料电池相比化学电池，效率较低，有40%～60%，但仍比一般的发动机高一些。燃料电池车在美国加利福尼亚州已有小范围试点，在中国部分城市的大巴上也有试点。目前，能够被车载使用的燃料电池都是将氢气作为能源。但氢气极难储存，极难液化，所以储氢容器一般较大较重。这也是使用大巴试点的原因。氢气可以通过电解水获得，因此，氢气也可以看作电能的载体。发电站发的电转换为氢气的化学能，然后输送给燃料电池车，再转化为电能。使用碳氢燃料的燃料电池仍然在实验室中，技术还不成熟，主要有工作温度过高、过于昂贵，以及寿命不长等缺点。

（二）混合动力汽车

混合动力车可以指搭载了任意两种能源的车辆。比如，一辆电动汽车上面装了锂电池和燃料电池，这也能算混合动力汽车。但一般来说，混合动力汽车指的是油电混合动力。发动机和电动机通过某些方式一起工作，共同提供驱动力。有了电动机的配合，发动机可以始终处于高效率区，可能达到40%甚至50%以上的热效率。混合动力汽车是未来数十年汽车的主流。现阶段混合动力汽车有两种主流解决方案：混联式混合动力汽车、串联式混合动力汽车。混联式混合动力汽车的代表车型为丰田普锐斯，丰田普锐斯中的内燃机和电动机通过一组行星齿轮连接在一起，内燃机和电动机同时驱动轮胎，且内燃机可以工作在最佳工况。混联式混合动力汽车效率较高，但结构复杂，较昂贵。串联式混合动力汽车，或者叫“增程式电动汽车”，代表车型为雪佛兰沃蓝达。在这类车型中，发动机不直接驱动车轮，而是仅仅连接电动机发电，用来驱动车轮。这类结构比较简单，但因为能量需要电动机进行转换，效率会略低一些。

（三）化学电池电动汽车

外界输入电能，储存在化学电池里的，属于化学电池电动汽车。这类电动汽车效率极高，一般在85%以上。在数十年里，电动汽车上应该只会搭载锂离子电池，因为锂离子电池能量密度高、充放电倍率大、循环寿命长、高低温性能较稳定。可以期待的替换方案是固态电池，用固态电解质替代传统锂离子电池中的液态电解质，以此提高安全性以及能量密度。

三、新能源汽车产业特性

（一）战略性

节能环保和安全是汽车工业发展的永恒主题，能源资源的短缺是汽车工业发展面临的最严峻挑战。寻求最广阔的能够持续提供的能源，发展新能源汽车，是基于汽车产业战略性发展的考虑。因此，国家把新能源汽车作为战略性新兴产业。

（二）先进性，即创新性

新能源汽车是传统汽车的升级换代，它不是现有汽车的简单升级，而是技术创新和跨越，所以必须保证先进性。

（三）系统性

新能源汽车的发展，绝不是单一的完成新能源汽车整体产业的发展，还要带动相关产品和产业形成新的产业链。比如，过去汽车上的电池就是蓄电池，只需要完成简单的功能（如启动、照明等）即可；现在汽车搭载的电池属于动力电池，还有电子控制系统，所以一定要系统考虑、协同发展，才能推动产业发展。

（四）市场性

在新能源汽车发展的初始阶段，需要政策推动，但是最终仍要接受市场的检验和用户选择。所以，我们制定的产学研创新模式原则包括：以企业为主体、以市场为导向和产学研相结合。

（五）多元性

在未来相当长一段时间，新能源汽车的发展仍将呈现多元化发展格局。因为这是一个多样性和多元技术并存的市场。对于替代燃料汽车，无论是混合动力汽车、纯电动汽车，还是燃料电池电动汽车，每个企业都将在不同的发展阶段推出不同的产品。除产品多元化外，还有能源来源的多元化。

四、新能源汽车产业发展的意义

（一）节能环保

新能源汽车具有节能环保的优势。目前，能源短缺和环境问题日益严重，大力发展节能与新能源汽车是解决能源环境问题的有效途径，也是实现国家生态文明建设的有力举措。电动汽车的百公里耗电量为 15 ~ 20 千瓦时，算上发电厂和电动机的损耗之后，百公里的能耗约为 7 千克标准煤。传统汽车按百公里耗油量 10 升计，能耗约为 10 千克标准煤。并且，在城市的拥堵环境里，电动汽车的节能优势会进一步放大。纯电动汽车在运行过程中可以做到“零污染”，完全不排放污染大气的有害气体。即使按所耗电量换算为发电厂的排放，造成的污染也少于传统汽车，因为发电厂的能量转换率更高，而且集中排放可以更方便地安装减排治污设备。发展节能汽车是推动节能减排的有效举措。

（二）国民经济支柱产业

汽车产业是国民经济的重要支柱产业，在国民经济和社会发展中发挥着重要作用。而新能源汽车是汽车产业的发展方向，因此成为我国的战略性新兴产业。发展新能源汽车能使我国从汽车大国迈向汽车强国。

五、新能源汽车产业发展的规划

（一）发展现状

目前，汽车主要以汽油、柴油为燃料，随着汽车产销量及保有量的迅速增长，传统燃油汽车带来的能源紧张和机动车尾气污染问题也更加突出。基于能源结构安全和环境保护压力，发展节能环保的新能源汽车已成为迫切需求。2010 年 10 月，《国务院关于加快培育和发展战略性新兴产业的决定》正式发布，把新能源汽车产业作为战略性新兴产业之一重点培育发展。之后，国家又陆续出台了一系列扶持政策。这些政策以车辆购置补贴政策为主，包括全国范围内的车辆购置税减免、政府及公共机构采购、扶持性电价、充电基础设施建设支持等，对新能源汽车行业进行全方位扶持。在国家及地方政府配套政策的支持下，我国新能源汽车行业已经形成了从原材料供应、动力电池、整车控制器等关键零部件研发生产，到整车设计制造，以及充电基础设施的配套建设等完整的产业链，我国新能源汽车实现了产业化和规模化的飞跃式发展。

（二）制约因素

1. 新能源汽车核心技术发展上存在技术瓶颈

目前，我国新能源汽车产业发展的主要技术瓶颈表现在动力电池系统的能量密度和使用寿命上。由于新能源汽车的整车空间重量有限，动力电池系统的能量密度和使用寿命将直接影响新能源汽车的续航里程。目前，锂离子电池的理论极限比较小，存在明显的技术瓶颈。纯电动汽车续航里程较短，与传统燃油车有明显差距。加上目前纯电动汽车充电速度动辄长达数小时，因此无法完全代替燃油车的地位。

2. 充电桩等配套基础设施建设仍不健全

新能源汽车保有量的增长直接引发充电需求的增长，国家能源局自 2015 年发布《电动汽车充电基础设施全国发展规划》以来逐渐完善了充电桩的相关标准，各大充电桩运营商如国家电网、特来电、星星充电、中国普天等开始在全国范围布局充电桩设施的建设，充电桩开始在家庭、单位、停车场中普及。但由于充电桩的建设速度和标准化无法满足充电需求，充电难的问题依然长期存在。

（三）发展的总体要求

根据《国务院关于加快培育和发展战略性新兴产业的决定》规定："新能源汽车产业。着力突破动力电池、驱动电机和电子控制领域关键核心技术，推进插电式混合动力汽车、纯电动汽车推广应用和产业化。同时，开展燃料电池汽车相关前沿技术研发，大力推进高能效、低排放节能汽车发展。"

（四）政策支持

2010 年 10 月，《国务院关于加快培育和发展战略性新兴产业的决定》发布，把新能源汽车产业作为战略性新兴产业之一重点培育发展。

2012 年 10 月，《国务院关于印发节能与新能源汽车产业发展规划（2012 — 2020

年）的通知》发布，确定以纯电驱动为新能源汽车发展的主要战略取向，重点推进纯电动汽车和插电式混合动力汽车产业化。

2013 年，财政部、科技部发布《关于继续开展新能源汽车推广应用工作的通知》。

2014 年，财政部、科技部、工业和信息化部、国家发展改革委发布《关于进一步做好新能源汽车推广应用工作的通知》。

2014 年，《国务院办公厅关于加快新能源汽车推广应用的指导意见》发布。

2014 年，国家发展改革委下发《关于电动汽车用电价格政策有关问题的通知》。

2014 年，财政部、国家税务总局、工业和信息化部发布《关于免征新能源汽车车辆购置税的公告》。

2015 年，国家发展改革委、国家能源局、工业和信息化部、住房城乡建设部发布《关于印发电动汽车充电基础设施发展指南（2015—2020 年）的通知》发布。

2015 年，财政部、科技部、工业和信息化部、国家发展改革委发布《关于2016—2020 年新能源汽车推广应用财政支持政策的通知》。

2016 年，《财政部、科技部、工业和信息化部、发展改革委、国家能源局关于“十三五”新能源汽车充电基础设施奖励政策及加强新能源汽车推广应用的通知》发布。

（五）发展目标

根据《新能源汽车产业发展规划（2021—2035 年）》的规定，新能源汽车产业的发展目标如下。

（1）到 2025 年，我国新能源汽车市场竞争力明显增强，动力电池、驱动电机、车用操作系统等关键技术取得重大突破，安全水平全面提升。纯电动乘用车新车平均电耗降至 12.0 千瓦时/百公里，新能源汽车新车销售量达到汽车新车销售总量的 20%左右，高度自动驾驶汽车实现限定区域和特定场景商业化应用，充换电服务便利性显著提高。

（2）力争经过 15 年的持续努力，我国新能源汽车核心技术达到国际先进水平，质量品牌具备较强国际竞争力。纯电动汽车成为新销售车辆的主流，公共领域用车全面电动化，燃料电池汽车实现商业化应用，高度自动驾驶汽车实现规模化应用，充换电服务网络便捷高效，氢燃料供给体系建设稳步推进，有效促进节能减排水平和社会运行效率的提升。

（六）发展重点

1. 提高技术创新能力

一是深化“三纵三横”研发布局，强化整车集成技术创新。以纯电动汽车、插电式混合动力（含增程式）汽车、燃料电池汽车为“三纵”，布局整车技术创新链。提升产业基础能力。以动力电池与管理系统、驱动电机与电力电子、网联化与智能化技术为“三横”，构建关键零部件技术供给体系。新能源汽车核心技术攻关工程：实施电池技术突破行动，实施智能网联技术创新工程，实施新能源汽车基础技术提升工程。二是加快建设共性技术创新平台，提升新能源汽车及关联产业融合创新能力。三是提升行业公共服务能力。

2. 构建新型产业生态

一是支持生态主导型企业发展。二是促进关键系统创新应用，包括加快车用操作系统开发应用，推动动力电池全价值链发展。三是提升智能制造水平，推进智能化技术在新能源汽车研发设计、生产制造、仓储物流、经营管理、售后服务等关键环节的深度应用。四是强化质量安全保障。

3. 推动产业融合发展

一是推动新能源汽车与能源融合发展。二是推动新能源汽车与交通融合发展。三是推动新能源汽车与信息通信融合发展。四是加强标准对接与数据共享。

4. 完善基础设施体系

一是大力推动充换电网络建设。二是协调推动智能路网设施建设。三是有序推进氢燃料供给体系建设。

六、新能源汽车产业的市场表现

（一）新能源汽车涉及的上市公司

新能源汽车涉及的上市公司较多，新能源汽车板块包括国机汽车、中国中车、中国汽研、中熔电气、赣锋锂业、长城汽车等400多家；燃料电池板块包括致远新能、先导智能、越博动力等；锂电池板块包括永兴材料、利元亨、金银河、奥特维、天齐锂业等；汽车整车板块包括长城汽车、上汽集团、中国重汽、长安汽车、比亚迪、江淮汽车、小康股份等；充电桩板块包括英杰电气、安科瑞、能科科技等。

（二）新能源汽车的市场表现

1. 新能源汽车

新能源汽车板块从2013年的低位开始上升到2015年的3289.166点，之后回调到2018年的相对低位，开始持续上升，2023年11月达到2850点左右（见图6-27）。

图 6-27　2013 年 5 月至 2023 年 11 月新能源汽车板块指数日 K 走势

2. 燃料电池

燃料电池板块自 2017 年的 900 点左右下调到 2018 年 10 月的 555. 189 点，之后逐波上行到 2021 年 12 月的 1604. 332 点高位，2023 年 11 月为 1380 点左右（见图 6-28）。

图 6-28　2017 年 1 月至 2022 年 3 月燃料电池板块指数日 K 走势

3. 锂电池

锂电池板块自 2015 年的 1000 点左右调整到 2018 年 10 月的 480 点左右，之后强劲上行到 2021 年 11 月的 1737. 718 点，2023 年 11 月为 1250 点左右（见图 6-29）。

图 6-29　2015 年 11 月至 2022 年 3 月锂电池板块指数日 K 走势

4. 长城汽车（601633）

长城汽车自上市以来，长时期在 8～10 元区间整理，2020 年 7 月突破后强劲上涨，到 2021 年 10 月达到 69. 8 元，2023 年 11 月为 30 元左右（见图 6-30）。

图 6-30　2011 年 9 月至 2024 年 2 月长城汽车股价日 K 走势

5. 天齐锂业（锂电池）

天齐锂业自 2010 年上市后，长时期在低位整理；2015 年 10 月突破上涨，最高达到 61 元后调整；2020 年 10 月突破强劲上涨（见图 6-31）。

图 6-31　2010 年 9 月至 2024 年 2 月天齐锂业股价日 K 走势

课堂总结

1. 了解新能源汽车产业的含义及分类。
2. 了解新能源汽车产业发展的意义。
3. 了解新能源汽车产业发展规划。
4. 了解新能源汽车产业发展对投资的影响。

第46课 数字创意产业

一、数字创意产业发展的含义

一般来讲，数字创意产业，是现代信息技术与产业文化创意逐渐融合而产生的一种新的经济形态。与传统文化产业创意不同，数字创意以计算机为基础，以现代数字技术为主要技术工具，强调依靠团队或个人通过技术、创意和产业化的方式进行数字内容开发、视觉设计、策划和创意服务等。因此，可以说数字创意产业是推崇创新设计、融合科技创意与优秀文化内容而形成的具有高度经济价值的产业形态。

对于数字创意产业，目前国际上尚未形成统一的定义，相近的概念有“创意产业”“版权产业”“数字内容产业”“文化创意产业”等。一些发达国家对数字创意产业的认识、对发展路径的选取也有所差异。比如，美国通过版权连接整个数字创意产业，使数字内容与技术得到协同发展，即版权产业；英国以创意产业为主，通过文化驱动产业发展，突出大文化综合管理理念，适应创意与数字等要素融合的趋势，即创意产业；日本与韩国的数字内容产业发展势头强劲，政府主要通过科技与产业政策引导相关产业的发展。

在我国，2016年，《“十三五”国家战略性新兴产业发展规划》提出数字创意产业，并将其与新一代信息技术产业、高端装备制造产业、新材料产业、新能源汽车产业、节能环保产业等共同构成我国战略性新兴产业。但对于数字创意产业的概念，仍有不同的解释：国家金融与发展实验室指出，数字技术与数字内容是数字创意产业的两大特征；中国工程院院士潘云鹤认为，数字创意产业是驾驭数字技术的创意内容业和创意制造业；原文化部（现文化和旅游部）认为，数字创意产业是一种融合性产业，与文化产业交集较多；亿欧智库认为，我国数字创意产业是数字经济的一部分，是以移动互联网技术、云计算技术、大数据技术、三维打印技术、VR/AR技术、传感器技术、人工智能技术等支撑数字创意产业发展的基础性高新技术对文化制造和内容进行赋能的交叉型产业。其与文化创意、智能制造产业有重叠，边界不清，本质是对传统文化创意产业的优化和重构。

二、数字创意产业的特点

（一）高附加值

数字创意产业知识高度密集，其附加值高于大多数传统产业。随着大众信息采集手段的提高，数字创意产业的整体利润向内容原创领域集中，内容资源的原创及集成配置能力正在成为产业链的核心环节。

（二）高科技、高技术

数字创意产业是高新技术产业，通过数字技术、现代通信技术以及网络技术等平台进行商业价值与文化价值创造和增值。数字创意产业以高新技术发展为前提，在第五代移动通信技术、大数据、VR、人工智能、云计算及区块链技术快速发展的大背景下，产业整体呈现生产过程和管理过程逐渐数字化、消费方式体验化、传播渠道网络化的特征。

数字创意产业行业技术特点如下。

（1）数字化。数字创意是按照数据处理的原则，以计算机为工具，将现实中的场景进行加工美化或模拟创造虚拟世界来逼真地呈现出设计效果的数字化技术手段。数字创意产业具备数字化制作、数字化产品、数字化传播消费等特点。

（2）集成化。数字多媒体技术的集成化主要指两个方面：一是声音、图形、动画、图像、视频等多种信息内容的集成；二是处理这些信息内容的设备和系统的集成。

（3）互动体验化。互动体验化是指用户可以按照自己的思维习惯与多种计算机及媒体设备进行传递、交换信息。

（4）技术创意化。新型的技术与设备带来了前所未有的创意作品，在迅速发展的新技术促进下，新的创意不断涌现。

（三）多产业高度融合

数字创意产业是经济、文化、技术等相互融合的产业，不仅能带动影视、动漫、游戏、展览展示、商务、旅游、公共管理等领域的发展，提升各领域产品和服务的创意、文化内涵和数字化水平，促进跨产业交流合作，还能辐射到社会各个方面，满足人民群众日益丰富和多样化的文化需求。

（1）数字创意产业的融合潜力巨大。数字创意产业以科学技术与文化产业为输入，以经济价值和文化影响为输出，衍生出更多的产业，开拓了创业创新的发展空间。

（2）跨界融合研发更多元化的新业态。细分领域主要包括网络文学、动漫、影视、游戏、创意设计、VR、在线教育等。数字创意已形成了以互联网为基础的文化产业生态圈，提高了文化创意产业链的运作效率。

（四）文化是数字创意产业创新发展的核心

数字创意产业的发展离不开数字内容，文化创新才是数字创意创业的灵魂。与此同时，要重视传统文化的创新性发展，推进当代数字创意内容的创造，建构起数字产业的高质量发展。

三、数字创意产业的分类

2016 年，《"十三五"国家战略性新兴产业发展规划》提出，以数字技术和先进理念推动文化创意与创新设计等产业加快发展，将数字创意产业纳入战略性新兴产业的发展规划，从数字文化创意技术装备创新提升、数字内容创新发展、创新设计发展、相关产业融合发展等四个方面，对我国数字创意产业的长远发展进行了顶层规划。

2018 年，国家统计局发布《战略性新兴产业分类（2018）》，全面界定了数字创意产业涉及的国民经济行业、重点产品与服务。

战略性新兴产业分类名录见表 6-1。

表 6-1　战略性新兴产业分类名录

战略性新兴产业大类	战略性新兴产业小类	国民经济行业分类名称
1. 数字创意技术设备制造		电影机械制造
		广播电视节目制作及发射设备制造
		广播电视接收设备制造
		专业音响设备制造
		应用电视设备及其他广播电视设备制造
		电视机制造
		音响设备制造
		其他智能消费设备制造
2. 数字文化创意活动	数字文化创意软件开发	应用软件开发
	数字文化创意内容制作服务	动漫、游戏数字内容服务
		其他数字内容服务
	新型媒体服务	互联网其他信息服务
		其他数字内容服务
		数字出版
	数字文化创意广播电视服务	有线广播电视传输服务
		无线广播电视传输服务

续表

战略性新兴产业大类	战略性新兴产业小类	国民经济行业分类名称
2. 数字文化创意活动	其他数字文化创意活动	其他电信服务
		互联网游戏服务
		地理遥感信息服务
		其他数字内容服务
		其他技术推广服务
		广播
		电视
		影视节目制作
		广播电视集成播控
		电影放映
		录音制作
		文艺创作与表演
3. 数字设计服务		工程设计活动
		规划设计管理
		工业设计服务
		专业设计服务
4. 数字创意与融合服务		互联网广告服务
		其他广告服务
		科技会展服务
		旅游会展服务
		体育会展服务
		文化会展服务
		旅行社及相关服务
		电子出版物出版
		图书馆
		博物馆

从分类目录可见，数字创意产业是以数字技术为主导、以创意为核心的战略性新兴产业。其细分行业包括：影视与传媒业、数字出版业、动漫游戏业、体育健康业、设计业、旅游业、在线教育、文化博物业等领域，涉及各细分行业的产业数字化、信息装备与软件业。目前，我国数字创意产业的应用主要体现在展示领域、虚拟现实领域和产品可视化领域。

四、数字创意产业的发展规划

（一）发展现状

“十三五”时期，在一系列重要政策的推动下，我国数字创意产业取得了诸多发展成就。比如，2019 年，我国规模以上文化及相关产业实现营业收入 86624 亿元，比 2018 年增长 7.0%，略高于同期我国装备制造业的发展速度。这表明，相关产业保持平稳较快增长，产业结构持续优化。从细分行业来看，2019 年，内容创作生产和文化消费终端生产行业的营业收入均超过 1.6 万亿元，成为产业发展的头部领域；新闻信息服务、创意设计服务和文化投资运营行业的增长率均超过 10%，成为产业发展重要的增长点。“十三五”时期，在一系列重要政策的推动下，我国数字创意产业取得了诸多发展成就：数字文化创意技术装备创新提升；数字内容产业创新发展，保持蓬勃发展态势，成为引领文化振兴、实施文化强国的重要产业，构成了我国数字经济的重要力量；创新设计发展，在企业创新设计方面，诸多重点企业具备了国际性的竞争力；中国创新设计产业战略联盟成功组建，形成了多元化的技术和服务平台，为国家创新设计整体能力提升、创新驱动发展战略实施提供了基础性和关键性的支持。

（二）存在的问题

（1）数字文化创意技术装备的创新支撑不足。

（2）数字内容创新的整体质量不高。主要是国内在数字内容创作方面的创新能力不足、内容质量不高、文化内涵不足、精品力作不多、社会责任感不强等问题相对突出，应及时扭转趋势，作为重点内容予以解决。

（3）创新设计总体水平不高。我国创新设计总体水平不高，跨学科协同和系统集成创新意愿不强、能力不够，难以切实支撑起数字创意产业快速发展的需要。

（三）数字创意产业的创新发展方向

数字创意产业的发展趋势为：需求主体与供给主体高度融合，数字形态与物理实体高度融合，技术、装备与文化创意高度融合。因此，亟须依托我国在人工智能、第五代移动通信技术等领域积累的技术优势，加快数字创意产业技术与装备短板的技术突破，科学布局数字创意产业创新体系，在数字文化创意技术装备、数字文化内容、创新设计、融合渗透等方向实施重点创新。

我国数字创意产业的创新方向见图 6-32。

（四）数字创意产业发展规划

1. 创新数字文化创意技术和装备

提升创作生产技术装备和传播服务技术装备水平。

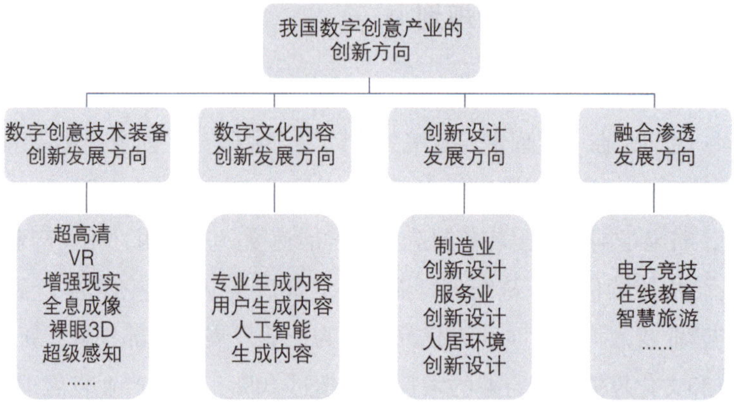

图 6-32　我国数字创意产业的创新方向

2. 丰富数字文化创意内容和形式

促进优秀文化资源创造性转化，鼓励创作当代数字创意内容精品。依托先进数字技术，推动实施文化创意产品扶持计划和“互联网+”中华文明行动计划，支持推广一批数字文化遗产精品，打造一批优秀数字文化创意产品，建设数字文化资源平台，实现文化创意资源的智能检索、开发利用和推广普及，拓展传播渠道，引导形成产业链。

3. 提升创新设计水平

挖掘创新设计产业发展内生动力，推动设计创新成为制造业、服务业、城乡建设等领域的核心能力。强化工业设计引领作用，提升人居环境设计水平。

4. 推进相关产业融合发展

推动数字文化创意和创新设计在各领域应用，培育更多新产品、新服务以及多向交互融合的新业态，形成创意经济无边界渗透格局，加快重点领域融合发展，推进数字创意生态体系建设。

五、数字创意产业的市场表现

（一）数字创意产业涉及的上市公司

数字创意产业涉及的上市公司较多，如峰尚文化、杰恩设计、川大智胜、中文传媒、芒果超媒、当虹科技、中科创达、创意信息、天亿马、立昂技术、信息发展、数字政通等。

（二）数字创意产业的市场表现

1. 数字乡村

数字乡村板块涉及 40 多家公司，自 2019 年起逐波上行，特别是在 2021 年上升幅度最大，在 2022 年 2 月达到 1557 点，后经过一段时间的调整，又一路上涨，并于 2023 年 4 月达到最高点 1639.64 点（见图 6-33）。

图 6-33　2019 年 5 月至 2023 年 11 月数字乡村板块指数日 K 走势

2. 虚拟现实

虚拟现实板块涉及的上市公司有 170 多家，如瑞芯微、中科创达、永新光学、晶方科技、闻泰科技等，虚拟现实板块 2016 年行业指数从 2015 年的 1215.264 点回调到 331 点，之后震荡上行（见图 6-34）。

图 6-34　2015 年 11 月至 2023 年 11 月虚拟现实板块指数日 K 走势

3. 中科创达

中科创达是全球领先的智能操作系统产品和技术提供商。2021 年，中科创达每股收益达 1.53 元，每股净资产达 12.55 元；2015 年上市以来，股价从上市时的每股 6.25 元一路上行后调整，到 2018 年的每股 20 元左右，之后逐波上行，达到 2021 年 7 月的每股 167.98 元的高位，之后调整（见图 6-35）。

图 6-35　2015 年 12 月至 2024 年 2 月中科创达股价日 K 走势

课堂总结

1. 了解数字创意产业发展的重要性。
2. 了解数字创意产业的发展规划。

第47课 新兴产业相关服务业

一、新兴产业相关服务业发展的重要性

（一）相关服务业的提出

2010年，《国务院关于加快培育和发展战略性新兴产业的决定》确定了七大战略性新兴产业，包括新一代信息技术产业、高端装备制造产业、新材料产业、生物产业、新能源汽车产业、新能源产业、节能环保产业。

2016年，国务院印发《“十三五”国家战略性新兴产业发展规划》，将数字创意产业纳入战略性新兴产业，促进数字创意产业蓬勃发展。

2018年，国家统计局第十五次常务会议通过并发布了《战略性新兴产业分类（2018）》，战略性新兴产业由此前的7个增加至9个，新增了数字创意产业和相关服务业。

（二）相关服务业发展的意义

（1）相关服务业有助于推动战略性新兴产业的发展。

（2）相关服务业有助于推动新兴产业与新兴服务业的融合发展。

新兴服务业，是基于现代理念、信息技术和服务模式创新发展起来的具有广阔市场潜力的现代服务业。新兴服务业通常可分为三大类：一是为新的市场需求服务的服务业，即新的服务行业，如环境服务业、节能服务业、海洋服务业、信息通信服务业等；二是在传统服务业基础上运用新资源、新技术或新方法发展起来的新兴服务业，如电子银行业、电子认证、卫星科技服务、检测认证服务业等；三是由新的服务模式形成的产业或业态，如分享经济、地理服务信息、远程教育、远程医疗、网络购物等。

新兴服务业的特点如下。一是高人力资本含量。二是高技术含量。大多数新兴服务业是由高新技术催生或者高技术制造业衍变出来的服务产业或者新业态，技术含量较高，基本属于知识密集型服务业。三是高风险性。四是高增值性。五是低消耗。

加快发展新兴服务业意义重大：是走向制造业强国、攀升全球价值链的必然选

择，是企业转型升级、提升综合竞争力的重要手段，是推动供给侧结构性改革的重要举措，也是产业经济发展的必然趋势。

二、新兴产业相关服务业的分类

按照《战略性新兴产业分类（2018）》的规定，战略性新兴产业的相关服务业分类如表 6–2 所示。

表 6–2 战略性新兴服务产业分类

大类	战略性新兴产业	国民经济行业	重点产品和服务
1. 新技术与创新创业服务	研发服务	自然科学研究和试验发展	其他自然科学研究和试验发展
		工程和技术研究和试验发展	除海洋工程设备、新材料、生物技术、新能源、新能源汽车、节能、环保等研发以外的其他工程技术研发
		农业科学研究和试验发展	农业种植、畜牧饲养、渔业养殖及林业等技术研发
		医学研究和试验发展	除生物医药以外的医学研发
		社会人文科学研究	
	检验检测认证服务	检验检疫服务检测服务	质量、安全和环境等检验检测服务
		计量服务	面向设计开发、生产制造、售后服务全过程的计量服务（除新材料外）
			培育第三方的计量服务（除新材料外）战略性新兴产业产品质量的计量服务（除新材料外）
		认证认可服务	质量、安全、环境、生态、能源及性能等认证服务
	标准化服务	标准化服务	其他标准化服务
	其他专业技术服务	气象服务、地震服务	
		海洋气象服务	
		遥感测绘服务	除卫星应用服务以外的测绘服务
		其他测绘地理信息服务	
		能源矿产地质勘查	利用高技术开展的能源矿产地质勘查服务
		固体矿产地质勘查	利用高技术开展的固体矿产地质勘查
		规划设计管理	除资源循环利用项目、城乡规划项目以外的规划设计项目
	知识产权及相关服务	财产保险律师及相关法律服务	知识产权保险知识产权相关法律服务
		知识产权服务	
		职业技能培训	知识产权教育培训服务
	创新创业服务	创业指导服务	
		科技中介服务	技术交易市场
		创业空间服务	

续表

大类	战略性新兴产业	国民经济行业	重点产品和服务
1. 新技术与创新创业服务	其他技术推广服务	农林牧渔技术推广服务	农业技术推广服务
		三维（3D）打印技术推广服务	
		其他技术推广服务	指除农林牧渔、生物、新材料、节能、新能源、环保、资源循环利用以及药信息、数字等技术推广以外的其他技术推广
2. 其他相关服务	航空运营及支持服务	航空货物运输通用航空生产服务	现代航空物流
		空中交通管理	
		其他航空运输辅助活动	
	现代金融服务	融资租赁服务	飞机、机器人等融资租赁服务
		网络借贷服务	
		其他非货币银行服务	互联网消费金融保理服务
		公开募集证券投资基金	
		创业投资基金	
		天使投资	
		其他非公开募集证券投资基金	
		其他资本市场服务	股权众筹融资互联网基金销售
		财产保险	互联网保险
			物联网保险
			信息技术保险
		其他金融信托与管理服务	互联网信托物联网信托
		非金融机构支付服务	信息技术信托
		金融信息服务	
		其他未包括金融业	融资担保服务

三、推进新兴产业相关服务业发展的措施

（1）充分发挥市场机制对新兴服务业的推进作用。

一是深化服务业市场取向改革，努力打破行政垄断和市场管制；二是制定服务业标准，为各市场竞争主体提供一个基本行为依据；三是健全服务业定价机制；四是培育市场主体，增强企业活力。

（2）加快推进服务业数字化和智能化，着力培育新兴服务业行业或业态。随着计算机、机器人和传感器等信息技术在各服务行业的大量运用，服务业的数字化和智能化发展到了一个新的高度，催生了许多新兴服务业行业或业态。以培育网络化、智能化、协同化的服务新业态为抓手，通过产业链整合、供应链集成、价值链提升及生态链维护，不断衍生叠加出新的服务环节和服务内容，推动创意设计、网络视听、数

字娱乐、互联网金融、电子商务、知识产权服务等引发产业体系变革的新兴服务业大发展。

（3）推动商业模式创新，引导企业细分需求市场，积极开拓个性化的新兴服务业态。

（4）健全新兴服务业发展的财税体制机制。

（5）创新支持新兴服务业发展的金融政策。

四、新兴产业相关服务业的市场表现

（一）相关服务业涉及的上市公司

相关服务业涉及的上市公司较多，如新媒股份、新华网、视觉中国、中信出版、新经典、数字认证、人民网、吉比特、平治信息、财富趋势、东方财富、中国平安等。

（二）相关服务业的市场表现

1. 知识产权保护

知识产权保护板块自 2018 年 10 月下跌至 600 点附近，之后逐波上行至 2023 年 6 月的 1639.6 点（见图 6-36）。

图 6-36　2018 年 4 月至 2023 年 11 月知识产权保护板块指数日 K 走势

2. 互联网金融

互联网金融板块自 2013 年开始强劲上行到 2015 年达到 9129.785 点的最高位；之后逐波下行至 2018 年 10 月的 2500 点左右；之后缓步上行，2023 年 11 月达到 4300 点左右（见图 6-37）。

图 6-37　2013 年 6 月至 2023 年 11 月互联网金融板块指数日 K 走势

3. 互联网保险

2017 年 12 月至 2023 年 11 月，互联网保险板块走势在 600～1000 点宽幅震荡（见图 6-38）。

图 6-38　2017 年 12 月至 2023 年 11 月互联网保险板块指数日 K 走势

4. 在线教育

在线教育板块自 2013 年开始强劲上行，至 2015 年 6 月达到 5645.838 点的最高位，之后逐波下调至 2018 年 10 月的 1400 点左右，之后一直在 1800～2500 点震荡（见图 6-39）。

5. 数字认证

数字认证股价自 2016 年 12 月上升后强劲上升至每股 32 元的高位；之后逐波下调至 2018 年 10 月的每股 13 元附近；之后逐波上行，最高达每股 67 元（见图 6-40）。

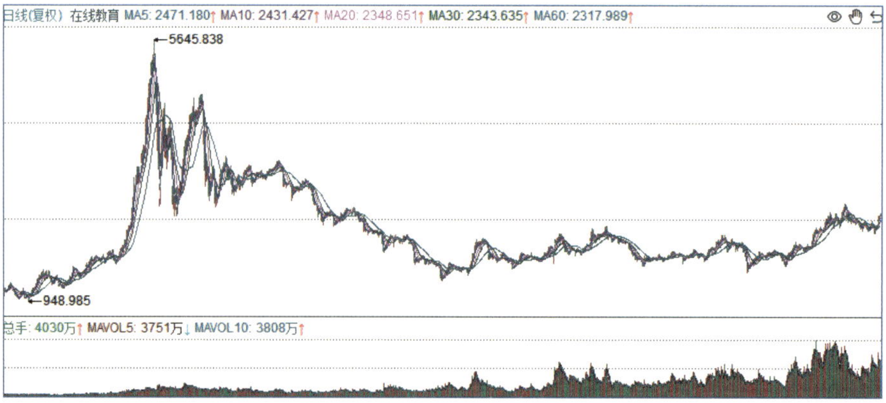

图 6-39　2013 年 9 月至 2022 年 4 月在线教育板块指数走势

图 6-40　2016 年 12 月至 2024 年 2 月数字认证股价日 K 走势

课堂总结

1. 了解新兴产业相关服务业发展的重要性。
2. 了解相关服务业的发展趋势。
3. 了解相关服务业的市场表现。

注意：新兴产业相关服务业的发展有助于推动新兴产业发展。相关服务业与新兴服务业的整体发展，以及相关服务业与新兴产业的融合发展，对于证券投资具有重要的指导作用。

第 48 课　新兴产业发展的制度保障

一、战略性新兴产业发展的总体要求

2010 年，《国务院关于加快培育和发展战略性新兴产业的决定》指出，战略性新兴产业是以重大技术突破和重大发展需求为基础，对经济社会全局和长远发展具有重大引领带动作用，知识技术密集、物质资源消耗少、成长潜力大、综合效益好的产业。该决定提出了七大新兴产业，具体包括节能环保、新一代信息技术、生物、高端装备制造、新能源、新材料、新能源汽车等产业。2016 年，《“十三五”国家战略性新兴产业发展规划》提出数字创意产业；2018 年，国家统计局发布了《战略性新兴产业分类（2018）》，将战略性新兴产业由 7 个增加至 9 个，新增了数字创意产业和相关服务业等产业。

《国务院关于加快培育和发展战略性新兴产业的决定》指出，战略性新兴产业是引导未来经济社会发展的重要力量。发展战略性新兴产业已成为世界主要国家抢占新一轮经济和科技发展制高点的重大战略。我国正处在全面建设小康社会的关键时期，必须按照科学发展观的要求，抓住机遇，明确方向，突出重点，加快培育和发展战略性新兴产业，对于推进我国现代化建设具有重要战略意义。同时，该决定指出，坚持创新发展，将战略性新兴产业加快培育成先导产业和支柱产业。

二、战略性新兴产业发展的制度保障

（一）战略性新兴产业发展的政策支持

自 2010 年《国务院关于加快培育和发展战略性新兴产业的决定》发布以来，为了促进新兴产业的发展，出台了一系列政策，从不同角度支持新兴产业的发展。

（1）总体性政策。比如，《国务院关于加快培育和发展战略性新兴产业的决定》《关于扩大战略性新兴产业投资　培育壮大新增长点增长极的指导意见》《“十二五”国家战略性新兴产业发展规划》《“十三五”国家战略性新兴产业发展规划》《“十四五”国家战略性新兴产业发展规划》等。

（2）分部支持政策。比如，2009 年，工业和信息化部发布《新能源汽车生产企业及产品准入管理规则》；2012 年，国务院发布了《生物产业发展规划》；2016 年，国务院发布了《促进大数据发展行动纲要》，工业和信息化部、国家发展改革委、科技部、财政部发布了《新材料产业发展指南》；2017 年，国务院发布了《新一代人工智能发展规划》等。

（3）地方制定的支持新兴产业发展的地方性支持政策。

（二）战略性新兴产业发展的制度保障

《国务院关于加快培育和发展战略性新兴产业的决定》强调，把握世界新科技革命和产业革命的历史机遇，面向经济社会发展的重大需求，把加快培育和发展战略性新兴产业放在推进产业结构升级和经济发展方式转变的突出位置。积极探索战略性新兴产业发展规律，发挥企业主体作用，加大政策扶持力度，深化体制机制改革，着力营造良好环境，强化科技创新成果产业化，抢占经济和科技竞争制高点，推动战略性新兴产业快速健康发展，为促进经济社会可持续发展做出贡献。

1. 强化科技创新，提升产业核心竞争力

增强自主创新能力是培育和发展战略性新兴产业的中心环节，必须完善以企业为主体、以市场为导向、改产学研用相结合的技术创新体系，发挥国家科技重大专项的核心引领作用，结合实施产业发展规划，突破关键核心技术，加强创新成果产业化，提升产业核心竞争力。具体包括以下内容：加强产业关键核心技术和前沿技术研究，强化企业技术创新能力建设，加快落实人才强国战略和知识产权战略，实施重大产业创新发展工程，建设产业创新支撑体系，推进重大科技成果产业化和产业集聚发展。

2. 积极培育市场，营造良好市场环境

要充分发挥市场的基础性作用，充分调动企业积极性，加强基础设施建设，积极培育市场，规范市场秩序，为各类企业健康发展创造公平、良好的环境。具体包括：组织实施重大应用示范工程，支持市场拓展和商业模式创新，完善标准体系和市场准入制度。

3. 加大财税金融政策扶持力度，引导和鼓励社会投入

加快培育和发展战略性新兴产业，必须健全财税金融政策支持体系，加大扶持力度，引导和鼓励社会资金投入。具体包括：加大财政支持力度。在整合现有政策资源和资金渠道的基础上，设立战略性新兴产业发展专项资金，建立稳定的财政投入增长机制，增加中央财政投入，创新支持方式，着力支持重大关键技术研发、重大产业创新发展工程、重大创新成果产业化、重大应用示范工程、创新能力建设等。加大政府

引导和支持力度，加快高效节能产品、环境标志产品和资源循环利用产品等推广应用。加强财政政策绩效考评，创新财政资金管理机制，提高资金使用效率；完善税收激励政策；鼓励金融机构加大信贷支持。引导金融机构建立适应战略性新兴产业特点的信贷管理和贷款评审制度。积极推进知识产权质押融资、产业链融资等金融产品创新；积极发挥多层次资本市场的融资功能；大力发展创业投资和股权投资基金。

4. 推进体制机制创新，加强组织领导

加快培育和发展战略性新兴产业是我国新时期经济社会发展的重大战略任务，必须大力推进改革创新，加强组织领导和统筹协调，为战略性新兴产业发展提供动力和条件。具体包括：深化重点领域改革，加强宏观规划引导，加强组织协调。

5. 深化国际合作，提高国际化发展水平

要通过深化国际合作，尽快掌握关键核心技术，提升我国自主发展能力与核心竞争力。把握经济全球化的新特点，深度开展国际合作与交流，积极探索合作新模式，在更高层次上参与国际合作。具体包括：大力推进国际科技合作与交流，切实提高国际投融资合作的质量和水平，大力支持企业跨国经营。

6. 扩大战略性新兴产业投资

2020 年，国家发展改革委、科技部、工业和信息化部、财政部四部门联合印发了《关于扩大战略性新兴产业投资培育壮大新增长点增长极的指导意见》提出了三个重点任务：一是聚焦重点产业投资领域，二是打造产业集聚发展新高地，三是增强资金保障能力。

课堂总结

1. 了解新兴产业发展的政策支持。
2. 了解新兴产业发展的制度保障。

读者笔记